De la même auteure, aux éditions Leduc.s

Future maman, mode d'emploi, c'est malin, 2018.
Mince et en bonne santé grâce au fasting, c'est malin, 2018.
Cuisine de l'étudiant en 87 recettes, c'est malin, 2017.
Paris avec les enfants, c'est malin, 2017.

Édition : Marjolaine Revel
Maquette : Sébastienne Ocampo

29 boulevard Raspail
75007 Paris – France
ISBN : 979-10-285-0982-8
ISSN : 2425-4355

C'EST MALIN
POCHE

ALIX LEFIEF-DELCOURT

JE DIS NON À LA CHARGE MENTALE !

LEDUC.S PRATIQUE

SOMMAIRE

À Xavier.

INTRODUCTION

Si vous êtes une femme, que vous vivez en couple et que vous étiez sur Terre au printemps 2017, vous n'avez pas pu échapper à ce post sur les réseaux sociaux qui a fait l'effet d'une véritable bombe dans les foyers : la bande dessinée de la dessinatrice Emma, sur la « charge mentale ».

Jeune maman parisienne, elle y décrit le quotidien des femmes contraintes de devoir penser en permanence à l'organisation des tâches ménagères au sein du foyer. Et qui, quand elles osent avancer l'idée qu'elles en ont assez de tout devoir gérer toutes seules, s'entendent rétorquer par leur compagnon tout étonné : « *Fallait me demander, je t'aurais aidée* » (expression éminemment masculine qui a d'ailleurs donné son nom à la BD).

« *Enfin un mot pour décrire ce que je vis !* » se sont exclamées en chœur les femmes concernées, ravies de découvrir au passage qu'elles n'étaient pas les seules à supporter ce poids sur leurs épaules, et à en souffrir. Car la pression exercée par ce fardeau est énorme, causant une fatigue tant physique que psychologique, avec des répercussions dans tous les domaines, aussi bien sur le plan professionnel que personnel.

Combien de femmes, écrasées par le fait de devoir toujours penser à tout, ont l'impression de ne plus avoir une seconde pour s'occuper d'elles ? Combien de femmes renoncent à briguer un poste plus important parce que, en raison de la fatigue accumulée chaque jour à gérer leur foyer et leurs enfants, elles n'en ont plus l'énergie ? Combien de femmes, épuisées par cette situation, ont décidé de mettre un terme à leur relation de couple pour qu'enfin leur compagnon assume sa part de responsabilités et d'organisation (et découvrent finalement qu'il ne s'en sort pas si mal) ?

Mais une fois que l'on a posé ce douloureux diagnostic, que fait-on ? Est-ce une fatalité contre laquelle on ne peut pas lutter, ou peut-on effectivement agir pour changer les choses ?

Existe-t-il des solutions et, si oui, lesquelles ? Comment, dans la vie quotidienne, faire en sorte de répartir cette charge, mais aussi, de manière plus générale, comment faire évoluer les mentalités ?

Car, il est important de le souligner dès maintenant, il n'est pas seulement question ici d'un problème « de couple ». C'est un enjeu global qui en dit long sur la place que l'on accorde aujourd'hui aux femmes dans notre société. Mais pas question pour autant de baisser les bras, bien au contraire !

TEST : ÉVALUEZ LE POIDS DE VOTRE CHARGE MENTALE !

Si vous avez acheté ce livre (ou si on vous l'a offert), c'est parce que vous êtes concernée par le sujet... Mais jusqu'à quel point ? Pour le savoir, répondez aux 10 questions suivantes.

1. Si l'on vous proposait d'ajouter une extension de mémoire à votre cerveau :

* ✱ Vous ne diriez pas non à ce petit coup de pouce supplémentaire.
* ○ Vous prendriez le stockage maximum ! Vous en avez bien besoin pour gérer le quotidien.
* ◘ Vous n'en verriez pas l'intérêt...

2. Le midi, lors de votre pause déjeuner, vous en profitez pour :

- ◘ Aller déjeuner, faire du sport... bref, prendre du temps pour vous.
- * Appeler la nounou afin de vérifier si le petit dernier a toujours de la fièvre ; contacter l'électricien, qui doit venir faire des petits travaux...
- ○ Aller acheter un nouveau manteau pour votre aînée, car le sien est trop petit. Et au passage, vous faites un stop à la poste pour envoyer un recommandé aux impôts, une halte à la pharmacie pour acheter le rappel de vaccin du petit dernier...

3. 7 heures du matin, votre nounou vous appelle pour vous dire qu'elle a 40 °C de fièvre et qu'elle ne pourra pas venir garder votre enfant aujourd'hui. Quelle solution envisagez-vous ?

- * Vous appelez tous vos proches pour trouver une solution : maman, belle-maman, une copine... Résultat : vous passez une heure au téléphone pour organiser la prise de relais.
- ○ Vous posez une journée. Il n'y a pas à tergiverser, cela se passe toujours comme ça dans ces cas-là.
- ◘ Vous tirez à pile ou face avec le papa pour savoir qui va rester à la maison.

4. Une paire de chaussettes sales traîne dans la chambre depuis deux jours (taille 46 ; visiblement, ce ne sont pas les vôtres). Que faites-vous ?

- ○ Vous les ramassez, les mettez dans le panier à linge et lancez une lessive.
- * Vous les repoussez pour qu'elles ne soient plus dans le passage et passez l'information à votre chéri : « Si tu veux qu'elles soient propres un jour, tu as intérêt à les mettre dans le panier... »
- ▢ Vous les ignorez totalement. Pourquoi s'y intéresser puisque ce ne sont pas les vôtres ?

5. Une copine vous propose d'aller boire un verre en terrasse ce soir à 18 h 30. Quelle est votre réaction ?

- ○ Vous déclinez, mais cela vous fend le cœur ! 18 h 30, c'est l'heure où vous supervisez les devoirs des enfants tout en préparant le repas et en triant le linge pour lancer une lessive.
- * Vous appelez votre mari pour lui demander s'il peut prendre le relais avec les enfants ce soir.
- ▢ Vous dites oui sans hésiter.

6. Les vacances approchent...

- ○ Vous stressez d'avance : il faut que vous réserviez les billets de train ou la location de voiture, que vous organisiez la garde du chat, que vous rachetiez des maillots de bain pour les enfants...
- * Vous vous dites que vous allez pouvoir ralentir un peu le rythme, et par exemple prendre le temps de faire des bons petits plats pour toute la famille.
- □ Vous sautez de joie : vous allez enfin pouvoir souffler, ne rien faire, prendre du temps pour vous...

7. Le samedi matin, vous en profitez pour...

- □ Faire la grasse matinée.
- * Faire tout ce que vous n'avez pas eu le temps de faire dans la semaine : ranger la maison, payer les factures...
- ○ Organiser la semaine qui vient : préparer quelques petits plats que vous allez congeler, prendre rendez-vous chez le dentiste pour votre aîné, décaler le cours de piano...

8. La date limite de l'envoi de la déclaration d'impôts approche...

- ○ Pas le choix : vous allez y consacrer toute votre soirée.
- * Vous lancez à votre mari : « Il faudrait qu'on y pense... Tu peux m'aider ? »
- □ Comme tous les ans, c'est votre mari qui s'en occupe. Alors pas d'inquiétude !

9. Qu'est-ce qui vous donne le plus de satisfaction ?

- □ Votre enfant avec des moustaches de confiture jusqu'aux oreilles.
- ○ Une *to do list* entièrement rayée.
- * Une maison bien rangée.

10. Quelle est la phrase que vous entendez le plus dans la bouche de votre compagnon ?

- □ « T'inquiète, je gère ! »
- ○ « Fallait me demander : je t'aurais aidée ! »
- * « Je peux faire quelque chose ? »

FAITES MAINTENANT VOS COMPTES ET DÉCOUVREZ VOTRE PROFIL !

Vous avez un maximum de ◘

Dans votre foyer, les tâches et les responsabilités semblent plutôt assez bien réparties. Certes, comme dans de nombreuses familles, vous avez beaucoup de choses à gérer, à planifier, à organiser. Mais vous n'avez pas l'impression que vous devez penser à tout en permanence. Vous avez l'occasion de faire des pauses et de prendre soin de vous. Vous avez sûrement des secrets et des astuces… N'hésitez pas à les partager avec vos amies !

Vous avez un maximum de ✱

La charge mentale, vous savez parfaitement ce que c'est. Au quotidien, votre esprit est toujours occupé par ce que vous avez à faire, ce que vous ne devez pas oublier de faire… Au point que vous avez parfois l'impression que vous allez disjoncter ! Vous tentez de vous faire aider, car vous vous rendez compte que votre santé physique et mentale est en jeu, mais ce n'est pas suffisant. Ce livre va vous permettre de faire le point et de trouver des solutions pour alléger le poids de ce fardeau.

Vous avez un maximum de O
La charge mentale, elle repose sur vous à au moins 70 ou 80 %, voire plus ! Au quotidien, à la maison, c'est vous qui pensez à tout, qui organisez tout, qui gérez tout… Votre credo : « *Si je n'y pense pas, personne ne va y penser à ma place…* » Cela représente un poids énorme sur vos épaules. Ne vous laissez pas enfermer dans cette situation ! Il est important de ne pas vous résigner en vous disant que c'est une fatalité ou que vous êtes débordée parce que vous êtes mal organisée. En lisant ce livre, vous allez enfin comprendre pourquoi cela fonctionne de cette manière dans votre foyer, et surtout vous allez découvrir des solutions pratiques et efficaces pour faire évoluer la situation et vous sentir plus légère.

1

COMPRENDRE POUR DÉCULPABILISER

Tout le monde autour de vous parle de la charge mentale ? Même si vous avez l'impression de vous reconnaître dans la description de ce phénomène, il est important de comprendre ce que veut dire cette notion. C'est une condition essentielle pour esquisser, ensuite, des pistes de solutions qui seront vraiment efficaces.

En prenant conscience des tenants et des aboutissants de la charge mentale, vous pourrez aussi avoir une vision plus objective de la situation. En effet, de très nombreuses femmes débordées par ce fardeau culpabilisent en se disant qu'elles sont mal organisées, qu'elles se font une montagne de pas grand-chose, qu'elles se mettent trop la pression ou encore qu'elles devraient rester à la maison pour s'occuper de leur famille plutôt que de travailler... Non, ce sentiment d'être débordée en permanence n'est pas votre faute ! Car la charge mentale est avant tout un phénomène de société, qui s'explique par de multiples facteurs.

Chapitre 1

Une notion qui nous vient du monde du travail...

Contrairement à ce que pourrait laisser penser sa popularisation récente, la notion de charge mentale n'est pas nouvelle. Elle est née il y a une quarantaine d'années, dans le monde du travail.

DE LA CHARGE « PHYSIQUE » À LA CHARGE « MENTALE »

Dans les années 1950 et 1960, des chercheurs s'intéressent aux effets du travail sur les hommes. Ils utilisent alors **la notion de**

« charge physique » pour décrire l'ensemble des contraintes qui pèsent sur le corps du salarié. On parle de certaines postures, de gestes répétitifs, de poids excessifs à soulever… avec tous leurs effets potentiellement néfastes sur le squelette et les muscles (rhumatismes, arthrite, lumbagos, tendinites, entorses…). C'est la naissance de l'ergonomie, qui a alors pour mission, en analysant ces différentes connaissances, d'accroître le confort, la sécurité et l'efficacité du travailleur.

À la fin des années 1970, le travail commence à se modifier profondément. La généralisation des robots, la croissance des emplois dans le secteur tertiaire (services, bureaux…) ou encore l'intensification de l'usage des ordinateurs changent la donne : pour une grande partie des travailleurs, le travail devient moins physique et beaucoup plus psychique. **La notion de charge mentale prend alors le pas sur celle de charge physique**, qui est alors reléguée au second plan. « On est passé de la notion de contrainte physique à la notion de contrainte mentale induite par une organisation hiérarchisée et bureaucratisée, d'un travail concret de fabrication à un travail abstrait sur écran*. »

Si la notion de charge physique était assez facile à définir et à quantifier, celle de charge mentale, en revanche, l'est beaucoup moins. En effet, de multiples facteurs entrent en ligne de compte, et il semble **assez difficile d'apprécier de manière objective les pressions psychiques qui sont exercées sur le travailleur**. La quantité de travail, sa complexité, les contraintes de temps, mais aussi les interactions avec les collègues et la hiérarchie (et donc les potentiels conflits, abus, harcèlements, etc.), l'ambiance générale... sont autant de facteurs qui font partie de cette notion.

PETITE DÉFINITION DE LA CHARGE MENTALE AU TRAVAIL

Pour définir cette charge mentale liée au travail, on pourrait utiliser la définition suivante : « ensemble des opérations mentales effectuées par un travailleur lors de son activité professionnelle, efforts de concentration, de

→

* *Dossiers CHSCT : La notion de charge mentale au travail*, www.officiel-prevention.com, mai 2013.

compréhension, d'adaptation, d'attention et de minutie, accomplissement de tâches de traitement d'informations, mais aussi pressions psychologiques liées aux exigences de rapidité, délai, qualité d'exécution, à l'obéissance aux ordres de la hiérarchie et à la gestion des relations avec les collègues et les tiers », lesquels génèrent « une contrainte psychique de charge mentale [...] cumulative tout au long de la vie professionnelle »*.

Cette définition nous permet de comprendre qu'**entre la charge mentale et la surcharge mentale, il n'y a qu'un pas** ! Dans un monde qui va de plus en plus vite, où la concurrence est féroce, où l'entreprise doit s'adapter de manière parfois très rapide au contexte et aux exigences extérieures, où le travailleur est connecté en permanence, ce pas est vite franchi. Avec, à la clé, l'apparition de maladies psychosomatiques liées au stress et le syndrome d'épuisement professionnel, aussi appelé « burn-out ».

* Voir la note de la page précédente.

DE LA CHARGE MENTALE DU TRAVAILLEUR À LA CHARGE MENTALE DOMESTIQUE

À la fin des années 1970, au moment où apparaît la notion de charge mentale au travail, **on commence tout juste à mettre en lumière le « travail familial » des femmes à la maison, lequel sera par la suite appelé « travail domestique »**. Pour la première fois, l'Insee (Institut national de la statistique et des études économiques) comptabilise le temps ménager et inscrit noir sur blanc ce qui est déjà une évidence pour beaucoup de Français : les femmes en font plus que les hommes à la maison (4 h 12 contre 1 h 54 en moyenne par jour en 1985*).

En 1984, la notion de charge mentale est pour la première fois utilisée dans la sphère privée, et non plus seulement professionnelle. Dans un article intitulé « La gestion ordinaire de la vie en deux** », la sociologue Monique Haicault l'emploie pour analyser le concept

---

* Clara Champagne, Ariane Pailhé et Anne Solaz, « Le temps domestique et parental des hommes et des femmes : quels facteurs d'évolution en 25 ans ? », *Économie et statistique*, n° 478-479-480, 29 octobre 2015.

** Monique Haicault, « La gestion ordinaire de la vie en deux », *Sociologie du travail*, vol. 26, n° 3, 1984.

de la double journée auquel sont soumises les femmes travailleuses et mères de famille : « La charge mentale de la journée redoublée est lourde d'une tension constante, pour ajuster des temporalités et des espaces différents. » L'expression décrit alors déjà très bien ce que vivent les femmes d'aujourd'hui, mais elle reste assez confidentielle.

Dans les années 2000, elle est même reléguée aux oubliettes. On préfère alors parler de « souffrance au travail » ou encore, dans la sphère privée, mettre en lumière l'inégalité de la répartition des tâches domestiques entre hommes et femmes... Mais, **en 2017, la bande dessinée d'Emma[*] relance cette notion de manière soudaine... et totalement imprévisible !** L'écho incroyable rencontré par ces quelques dessins montre bien que le phénomène n'a jamais été autant d'actualité. Comme si la notion venait tout juste d'être inventée pour décrire ce que vivent les femmes d'aujourd'hui dans le secret de leur foyer... (alors que, rappelons-le, le terme a presque quarante ans !).

---

* Emma, « Fallait demander », *Un autre regard 2,* Massot éditions, 2017.

PETITE DÉFINITION DE LA CHARGE MENTALE DOMESTIQUE

La définition donnée par la chercheuse Nicole Brais, de l'université de Laval, apparaît comme un bon résumé : « travail de gestion, d'organisation et de planification qui est à la fois intangible, incontournable et constant, et qui a pour objectifs la satisfaction des besoins de chacun et la bonne marche de la résidence* ».

* « La dimension géographique de l'articulation professionnelle/vie familiale : stratégies spatiales familiales dans la région de Québec », thèse présentée à la Faculté des études supérieures de l'université Laval pour l'obtention du grade de Philosophiae Doctor (Ph. D.), décembre 2000.

Chapitre 2

Ce que vivent les femmes aujourd'hui

Si la notion de charge mentale a fait sa réapparition en cette fin des années 2010, et si elle a rencontré un tel écho populaire, ce n'est pas un hasard. Elle met directement en lumière ce que vivent les femmes d'aujourd'hui, et surtout éclaire les différences avec ce que vivaient les femmes des décennies précédentes.

À LA MAISON, VOUS EN FAITES BEAUCOUP, ET SURTOUT VOUS PENSEZ À TOUT !

Au-delà de la simple répartition des tâches domestiques…

Comme son nom l'indique, la charge mentale est avant tout un travail intellectuel de gestion, de planification, d'organisation. Elle est une charge en ce sens qu'elle exige un **effort d'enchaînement mental incessant**.

ÉMILIE, 42 ANS, 2 ENFANTS

« Quand je suis à la maison, j'ai l'impression de ne pas arrêter une seconde et de tout faire en même temps ! En préparant les sacs de danse de mes filles, je pense au fait que je n'ai pas lavé leurs collants et que j'ai oublié de lancer une machine… En me dirigeant vers la cuisine (où est installée la machine à laver), je tombe sur un paquet de biscuits entamé qui n'a pas été rangé. En le remettant dans le placard, je constate que la boîte de céréales du matin est presque vide. Je la note sur la liste de courses et je repense au fait que je voulais aussi y inscrire autre chose… Alors j'ouvre le réfrigérateur pour faire un point : y a-t-il encore assez de beurre ? C'est sans fin ! »

SARAH, 40 ANS, 2 ENFANTS

« Pour moi, la charge mentale, c'est le fait d'avoir en permanence des choses à penser pour la gestion de son foyer. J'ai l'impression d'être tout le temps occupée à prévoir et organiser, d'avoir en permanence le cerveau occupé par la gestion des petites tâches ingrates : l'inscription ou la réinscription aux activités scolaires des enfants, les tâches administratives, les rendez-vous de médecin, dentiste, orthophoniste, ophtalmo... Cela me prend un temps fou ! J'en suis arrivée à un tel point que je n'ai même plus envie d'organiser des vacances... »

L'autre point important à souligner est que la notion de charge mentale va bien au-delà du simple constat des inégalités de la répartition des tâches ménagères au sein du foyer. **Elle souligne non pas le fait que les femmes en *font plus* que les hommes** (on le savait déjà !), **mais que les femmes *pensent plus* que les hommes à tout ce qu'il y a à faire...**

Jusqu'ici, quand on évoquait le travail domestique à la maison, on raisonnait en termes de répartition des tâches. Et malgré ce que l'on croit souvent, et comme le montrent les derniers chiffres sur le sujet, la situation évolue peu. Selon une étude de l'Insee publiée fin 2015, la répartition des tâches ménagères au sein du foyer a peu changé en vingt-cinq ans* (1985-2010). Les chiffres sont clairs : en 2010, les femmes effectuaient toujours la majorité des tâches ménagères (71 %) et parentales (65 %).

3 H 03 CONTRE 1 H 45

Dans le détail, les femmes passent en moyenne 3 h 03 par jour aux tâches domestiques, tandis que les hommes y consacrent 1 h 45. Soit une différence de 1 h 18. Certes, en trente ans, l'écart entre hommes et femmes s'est réduit de manière sensible, d'une heure environ. Pourquoi ? Non parce que les hommes en font plus, mais parce que les femmes passent moins de temps à cuisiner ou à entretenir les vêtements ! Merci aux surgelés qui simplifient la gestion des courses, aux nouveaux ustensiles de cuisson qui accélèrent la préparation, aux systèmes de livraison

* Voir la note p. 25 (*).

de plats tout prêts à domicile, à la généralisation des machines à laver et des sèche-linge, aux nouveaux textiles qui n'ont pas besoin de repassage et aux vêtements bon marché qui font baisser l'intérêt du rapiéçage...

Conclusion : quand on dit que les hommes « en font plus qu'avant », il est important d'être précis. Oui, ils s'occupent davantage de leur progéniture : le temps parental des pères est passé de 22 à 41 minutes par jour entre 1985 et 2010, mais il est encore bien loin de celui des mères, qui est de 1 h 35 en moyenne. Soit largement plus du double. De plus, le contenu même de ce temps parental est différent. Ainsi, comme le souligne l'étude de l'Insee citée plus haut, les pères privilégient surtout les activités de jeux, de conversation et d'aide à l'apprentissage, c'est-à-dire celles qui leur procurent le plus de satisfaction (et pas les corvées !).

Évidemment, **répartition des tâches domestiques et charge mentale sont liées** ! Si la femme s'occupe concrètement de faire davantage de choses que son homme, elle aura logiquement plus de choses à penser que lui. Par exemple, si elle s'occupe du linge de toute la maisonnée (c'est très souvent le cas), c'est évidemment à elle que revient la charge de penser à faire une lessive afin que son mari ait des chemises propres pour sa réunion du lendemain ou pour que son fils ait un maillot de foot tout frais pour son cours du soir. **La réduction de la charge mentale passera donc immanquablement par une meilleure répartition des tâches domestiques.** Ce qui, si l'on en croit les propos de certains sociologues, n'arrivera pas tout de suite...

L'ÉGALITÉ DES TÂCHES, CE N'EST PAS POUR DEMAIN !

Dans une interview donnée au site *Psychologies magazine** en mars 2016, le sociologue Jean-Claude Kaufmann n'y va pas par quatre chemins. « Nous avons vraiment l'illusion que nous sommes en train d'avancer à marche forcée vers le partage des tâches, que ça se passe très bien dans les nouvelles générations, et qu'il suffit de le décider dans un couple », explique-t-il. Mais « c'est une illusion collective. Nous n'avons

* Article à retrouver en ligne à cette adresse : http://www.psychologies.com/Couple/Vie-de-couple/Au-quotidien/Interviews/Dans-le-couple-le-partage-egal-des-taches-est-une-illusion/1

absolument pas avancé dans ce domaine depuis vingt-deux ans, quand j'ai publié *La trame conjugale, analyse du couple par son linge**. Nous en avons l'impression car il y a quelques exemples de héros modernes qui sont mis en avant. Oui, les hommes ont de la bonne volonté, de la mauvaise conscience, et s'investissent dans un certain nombre de domaines — on peut citer les nouveaux pères, par exemple —, mais il faut retourner aux chiffres. Au rythme actuel, pour arriver à l'égalité hommes-femmes, il faudra plusieurs siècles. L'aspect dramatique, c'est que nous avons l'impression que nous y sommes presque arrivés et que cela va se faire tout seul. Il faut casser cette illusion sinon on ne va pas avancer ».

C'est d'abord une question de responsabilités

Mieux se répartir les tâches domestiques au sein du couple est un préalable essentiel à la réduction de la charge mentale des femmes.

* Dans ce livre, publié pour la première fois en 1992 aux éditions Nathan, le sociologue explique que la façon dont le linge et les poubelles sont gérés au sein du couple révèle la persistance des inégalités hommes-femmes.

Mais ce n'est pas suffisant, car le problème est beaucoup plus vaste... Même si le père donne le biberon du bébé, fait les courses au supermarché ou va chercher les enfants à l'école, c'est souvent la mère qui prévient le papa que c'est l'heure du biberon, qui établit la liste de courses ou qui lui rappelle que le petit dernier sort plus tôt ce soir parce qu'il n'y a pas d'étude. **La charge mentale n'est pas liée à l'exécution des tâches, mais à la responsabilité de ces mêmes tâches.**

C'est un état de fait : aujourd'hui, dans la majorité des couples hétérosexuels, c'est la femme qui se sent responsable de la bonne marche et de l'organisation du foyer. De nombreuses femmes le disent : même dans les couples où la répartition des tâches est à peu près équilibrée, c'est la femme qui pense, prévoit et organise. Elle est le cerveau de la famille, et sans elle plus rien ne se passe. Comme le dit le sociologue Jean-Claude Kaufmann, « les femmes ont la famille dans la tête. Ce sont elles qui pensent à tous les petits détails, aux enchaînements d'emplois du temps...* ». **En résumé, la femme est la cheffe de projet, et l'homme un simple exécutant.**

---

* Voir la note p. 34.

Au-delà même de la notion de responsabilité, **c'est la question de l'implication dans la vie du foyer et de la famille de chacun des membres du couple qui se pose**. Les sociologues Ariane Pailhé et Anne Solaz, chercheuses à l'Ined (Institut national d'études démographiques), notent qu'il existe sur ce plan une différence entre les femmes et les hommes. Pour les premières, cette implication est « constante et durable » ; pour les seconds, elle est « temporaire et occasionnelle ». En résumé, les femmes pensent en permanence aux exigences de la vie familiale, tandis que les hommes n'y pensent que de temps en temps.

ÉMILIE, 42 ANS, 2 ENFANTS

« J'ai souvent l'impression qu'avec mon mari, on n'a pas du tout la même manière de fonctionner. De mon côté, toute ma journée est organisée en fonction des obligations liées au foyer ou aux enfants. Je sais que tel jour, je dois sortir à telle heure pour récupérer ma fille aînée à l'école ; que tel jour, il faut que je m'organise pour la déposer à son cours de danse... J'organise ma journée de travail en fonction de ces obligations : je ne prends pas de rendez-vous pendant ces créneaux, voire je décale des réunions, je finis mon travail

> le soir une fois que les enfants sont couchés, je zappe ma pause déjeuner pour aller faire une course urgente… Bref, quand je suis au travail, je pense toujours à tout le reste. Et je m'adapte en permanence pour que tout tienne dans une seule et même journée ! Sa journée à lui ne fonctionne pas de la même manière. Il rentre le soir quand il a fini ses réunions, quand il a rendu le dossier qu'il devait rendre, quand il a écrit les e-mails qu'il devait écrire… »

Point important à souligner pour bien comprendre ce que représente la charge mentale : **cette responsabilisation et cette implication de la mère au sein du foyer se font sans qu'elles soient décidées, et encore moins choisies !** À aucun moment, quand le couple s'installe, il n'y a de discussion, de répartition claire et objective des missions attribuées à chacun. Inconsciemment, on attend simplement de la femme qu'elle prenne en charge l'organisation de son foyer. « La charge mentale consiste à être considéré comme responsable par défaut des tâches domestiques* », analyse avec justesse Maïa Mazaurette dans un article du site LeMonde.fr. Les choses se font comme s'il existait un ordre naturel… Mais est-il écrit dans les gènes des femmes qu'elles sont responsables de l'organisation, de la gestion, de la prévision ?

LES FEMMES SE SENTENT PLUS « RESPONSABLES »

Une étude** montre bien à quel point les femmes, plus que les hommes, se sentent responsables de leur foyer. Ainsi, près de 1 femme sur 2 (49 %) estime s'impliquer plus que son homme dans le bon fonctionnement du foyer, tandis que les hommes ne sont que 6 % à répondre la même chose pour eux-mêmes (ils sont plus d'un quart à dire que c'est la femme qui y accorde le plus d'importance).

→

* Maïa Mazaurette, « La "charge mentale" des femmes nuit gravement à la sexualité », www.lemonde.fr, 11 juin 2017. Article disponible en ligne à cette adresse : www.lemonde.fr/m-perso/article/2017/06/11/la-charge-mentale-des-femmes-nuit-gravement-a-la-sexualite_5142140_4497916.html

** « Les Français et les tâches domestiques », OpinionWay pour La Boulangère, mai 2017. Étude réalisée sur un échantillon de 1 009 personnes représentatif de la population française âgée de 18 ans et plus.

Les femmes pensent aussi être davantage en charge que les hommes des tâches domestiques. 90 % des femmes se sentent responsables du ménage au sein de leur foyer, contre seulement 57 % des hommes. Concernant la préparation des repas, le chiffre est de 88 % chez les femmes contre 62 % chez les hommes.

Et vous, dans votre foyer, qui est responsable de quoi ?

Identifiez vos « postes de responsabilités » en répondant à ce petit questionnaire. Notez qu'il s'agit bien de la responsabilité de la tâche, pas de son exécution !

Selon vous, dans votre foyer, qui assume la responsabilité…

… des courses ?

❑ Moi ❑ Lui ❑ C'est partagé !

… des repas ?

❑ Moi ❑ Lui ❑ C'est partagé !

… du linge ?

❑ Moi ❑ Lui ❑ C'est partagé !

… des enfants ?

❑ Moi ❑ Lui ❑ C'est partagé !

… du ménage ?

❑ Moi ❑ Lui ❑ C'est partagé !

… de la vaisselle ?

❑ Moi ❑ Lui ❑ C'est partagé !

… des poubelles ?

❑ Moi ❑ Lui ❑ C'est partagé !

… des formalités administratives ?

❑ Moi ❑ Lui ❑ C'est partagé !

… de l'organisation des vacances ?

❑ Moi ❑ Lui ❑ C'est partagé !

MÊME AU TRAVAIL, VOUS CONTINUEZ DE PENSER À L'ORGANISATION DU FOYER

La journée deux-en-un : l'imbrication permanente des tâches

Vous devez sûrement connaître la notion de « double journée » des travailleuses et mères. Elle désigne le fait que, **une fois la journée de travail à l'extérieur terminée, une autre journée commence pour les femmes, avec toutes les tâches ménagères et celles liées aux enfants** (aller les chercher à l'école, leur donner le bain, les accompagner dans la réalisation de leurs devoirs, préparer le repas, ranger la maison, faire des lessives...).

Si la notion de charge mentale recoupe aussi celle de la double journée, elle va bien au-delà. Le problème n'est pas tant que la femme doit enchaîner une deuxième journée *après* sa journée de travail, **mais qu'elle doit gérer ces deux journées *dans le même temps.*** On ne parle pas seulement de la double journée des femmes, mais de la **journée deux-en-un des femmes.**

« La notion de charge mentale paraît la plus adéquate à rendre compte de la superposition dont il est ici question. L'enjeu consiste à organiser, donc faire tenir ensemble, les successions de charge de travail, de les imbriquer, de les superposer, ou, au contraire, de les désimbriquer, de fabriquer des continuités, sortes de fondus enchaînés, de jouer sans cesse sur ce qui marche ensemble et ce qui est incompatible », résume Monique Haicault*. Il y a dès lors une double imbrication. Non seulement les tâches elles-mêmes sont imbriquées, mais les deux journées le sont aussi.

* Voir la note p. 25 (**).

En clair, **les contraintes des deux « journées » ne se succèdent pas, elles ne s'additionnent pas, mais se superposent.** C'est ce que l'on appelle la « conciliation » : il faut non seulement planifier, organiser, mais aussi coordonner les différents temps et les différents lieux associés à chacune de ces deux journées. Ce qui ne fait que complexifier encore un peu plus la mission !

BARBARA, 30 ANS, 1 ENFANT

« Dans notre couple, on se partage bien les tâches. Par exemple, mon mari passe l'aspirateur, et il s'occupe aussi beaucoup de notre fils. Mais je suis celle qui doit partir du travail à 17 h 30 chaque jour pour récupérer notre enfant à la crèche parce que lui ne "peut pas". Or, cela conditionne toute ma journée, car j'ai l'impression que je dois me dépêcher pour tout afin de pouvoir partir à l'heure. Conséquence logique du fait que je rentre plus tôt à la maison : c'est moi qui me charge de la logistique, c'est moi qui fais les courses et les repas, par exemple. Et s'il faut appeler un plombier, c'est aussi ma mission. »

Cette imbrication permanente implique une disponibilité à la fois mentale et physique :

- **Sur le plan « mental »**, l'esprit de la femme demeure constamment préoccupé par la gestion du foyer et de la famille : même quand elle est à son travail, elle pense à ce qu'elle va préparer le soir pour le dîner, elle surveille son téléphone pour vérifier que la nounou n'a pas de problème avec le petit dernier, elle checke ses e-mails pour obtenir des nouvelles du grand parti en classe découverte…
- **Sur le plan « physique »**, celui de l'action, elle va gérer, sur sa journée de travail (ou plutôt pendant ses pauses, notamment « entre midi et deux »), des tâches qui normalement relèvent de sa « deuxième journée » : aller chercher un colis à la poste, appeler la crèche pour s'assurer que le cadet n'a plus de fièvre, éplucher les sites d'annonces pour trouver une baby-sitter, faire les courses en ligne, effectuer quelques formalités administratives…

Vie pro, vie familiale : toujours plus et toujours plus vite

Pourquoi cette charge familiale représente-t-elle aujourd'hui un tel poids pour les mères ? Les femmes ont toujours travaillé. Même si, autrefois, elles n'avaient pas un emploi au sens où nous l'entendons aujourd'hui (c'est-à-dire rémunéré et reconnu comme tel), elles aidaient leur mari dans les champs, dans leur commerce, dans le cabinet médical... Bref, elles ont toujours eu à gérer de front cette fameuse « double journée », sans vraiment s'en plaindre.

Si cela est devenu problématique aujourd'hui, c'est en partie parce que **nos rythmes de vie se sont considérablement accélérés et intensifiés.** Cela concerne aussi bien la sphère professionnelle que privée. Machines, transports, télécommunications, écrans, consommation (succession des modes)... tout va plus vite ! Au point que, souvent, nous avons l'impression de ne jamais avoir le temps, voire de « courir après » en permanence.

Par ailleurs, **les notions de performance et de compétition, autrefois réservées à la sphère professionnelle, ont envahi le domaine privé.**

« Faire » ne suffit plus ; il faut aussi réussir son couple, ses vacances, son dîner, ses enfants (en leur donnant toutes les clés pour qu'ils soient heureux, épanouis, performants dans une société de plus en plus complexe...). Les magazines et les livres surfent sur la vague pour proposer des méthodes toujours nouvelles afin de relever ce challenge. Mais quelle pression !

En outre, **de nombreuses injonctions pèsent sur les femmes aujourd'hui**. Contrairement aux idées reçues, l'image de la ménagère aux petits soins pour sa famille, très prégnante dans les années 1960, n'a pas disparu : elle s'est transformée. Aujourd'hui, le modèle est celui de la mère employée modèle qui assure sur tous les fronts, qui jongle entre les yaourts maison, les cours de yoga et les leçons de musique de ses enfants, le tout avec le sourire. Il existe même un hashtag pour décrire ces mères parfaites (et forcément heureuses) : *#happymama*. De quoi créer une pression énorme sur les femmes qui, même inconsciemment, se persuadent que si elles ne ressemblent pas à ce modèle, elles sont de mauvaises mères.

Ajoutez à cela le fait que, de nos jours, **les deux sphères dans lesquelles les femmes évoluent**

sont en interrelation permanente. Il est aujourd'hui possible de gérer sa maison depuis son bureau, et son bureau depuis sa maison. Tout cela grâce aux nouvelles technologies, qui ne cessent de progresser dans ce sens. Si vous avez une nounou à la maison, vous pouvez même surveiller ce qu'elle fait depuis votre ordinateur de bureau*... C'est censé vous rassurer mais, en réalité, cela peut constituer un poids de plus pour votre charge mentale. Résultat : c'est la surchauffe assurée !

ÉMILIE, 42 ANS, 2 ENFANTS

« Ce concept de charge mentale a été une fois ou deux évoqué lors de dîners en famille... Si les femmes de ma génération se sentent toutes concernées par le sujet, je sens bien que ma belle-mère, qui a 69 ans, ne comprend pas du tout ce dont on parle. Selon elle, ses fils en font beaucoup plus que leur père avant eux : ils ont changé les couches de leurs bébés, ils passent l'aspirateur, ils font les courses, ils s'occupent des devoirs, ils vont chercher leurs enfants à l'école... Choses que n'a jamais faites son mari ! À son époque, dit-elle, elle s'occupait toute seule de ses enfants,

* Sous certaines conditions, définies par la loi : la nounou doit en être avertie, et il ne faut pas la filmer en permanence.

elle n'était pas aidée… et elle n'en faisait pas "toute une montagne", selon sa propre expression.

Elle ne se rend juste pas compte qu'elle a élevé ses enfants à une époque totalement différente. Elle n'avait pas autant de pression au travail, elle ne devait pas gérer 50 e-mails à la minute, répondre à des tchats en permanence, elle n'avait pas d'objectifs chiffrés à atteindre et ne rentrait pas à la maison avec son ordinateur pour continuer à travailler une fois ses enfants couchés. Il y avait aussi beaucoup moins de pression sur l'éducation des enfants. Aujourd'hui, j'ai l'impression que si notre enfant ne fait pas au moins trois activités extrascolaires, on le prive de quelque chose, et on ne lui donne pas toutes les chances de réussir… Et puis il y a aussi l'idée qu'il faut veiller à son bien-être psychologique, ne pas le frustrer, lui permettre de développer son potentiel… Sans compter toutes les injonctions qui pèsent aussi sur notre rôle de mère : il ne faut pas manger trop de gras, pas trop de sucre, opter pour le bio, éviter les polluants… Tout cela, c'est nouveau et constitue une charge de travail supplémentaire énorme et complexe pour les mères, qu'elles doivent gérer en plus de tout le reste. »

BARBARA, 30 ANS, 1 ENFANT

« La charge mentale est aussi très liée à notre époque. Pourquoi tout cela ne pesait pas autant sur les épaules des femmes des générations précédentes ? Parce que, pour elles, tout n'allait pas aussi vite. Aujourd'hui, on est connecté en permanence. La première chose que l'on fait le matin, c'est lire ses e-mails. C'est un stress intellectuel permanent. Il n'y a pas de soupape pour évacuer la pression. La charge mentale, elle diminue quand on ne se couche plus avec son smartphone ! »

UN SENTIMENT D'INJUSTICE PLUS CRIANT

Si, aujourd'hui, les femmes osent dire que quelque chose ne fonctionne pas bien, qu'elles n'en peuvent plus de tout gérer, c'est aussi grâce au féminisme qui, selon les termes de la sociologue Michèle Ferrand, « a rendu l'ensemble des femmes — y compris celles qui ne sont pas féministes — plus exigeantes, et l'ensemble des hommes attentifs à ne pas paraître trop machos* ».

→

* Irène Jami, Patrick Simon, « De la paternité, de la maternité et du féminisme. Entretien avec Michèle Ferrand », *Mouvements*, 2004.

Alors que les femmes accèdent aujourd'hui à des postes plus importants (même s'il y a encore des progrès à faire pour leur laisser un peu plus de place), rien ne change à la maison. D'où un sentiment d'injustice plus présent. Les femmes osent maintenant dénoncer cette inégalité persistante.

QUAND LA CHARGE ÉMOTIONNELLE S'AJOUTE...

Une autre charge pèse lourd sur les épaules des femmes : la **charge émotionnelle**. Comme la notion de charge mentale, elle est employée d'abord dans le domaine professionnel pour désigner le fait que, en entreprise, **les employés doivent réprimer leurs émotions pour favoriser celles de leurs clients**. Par exemple, ils doivent rester souriants et calmes, peu importent les circonstances. Des employées femmes, on attend encore plus : de la patience, de la bienveillance, de la compréhension...

LE SOURIRE DE L'HÔTESSE DE L'AIR

La notion de charge émotionnelle (*emotional work*) a été conceptualisée par une sociologue américaine du travail, Arlie Russel Hochschild, dans un livre paru en 1983 mais traduit en français seulement en 2017 : *Le prix des sentiments*, paru aux éditions La Découverte. Elle illustre ce concept avec l'exemple des hôtesses de l'air qui doivent se mettre au service du bien-être d'autrui, contrôler leurs émotions, même en cas de stress (turbulences dans l'avion, passager agressif...), et afficher un sourire en permanence.

Dans le couple, c'est la même chose : **on s'attend à ce que ce soit la femme qui fasse preuve de ces mêmes qualités.** Dans tous les cas, elle se doit de rester positive, d'apporter du soutien, de l'écoute... La charge émotionnelle s'illustre aussi dans le fait que c'est bien souvent à la femme que revient la mission de rappeler les anniversaires, les fêtes, les dîners, de prévoir les cadeaux, de demander des nouvelles aux proches...

Certaines de ces phrases, prononcées par la femme à l'attention de son mari, ne devraient pas vous être totalement inconnues : « *Tu as* *appelé ta sœur pour lui demander si elle allait mieux ? », « Tu n'as pas oublié de souhaiter l'anniversaire de ta mère ? », « On apporte quoi chez tes parents dimanche ? »*... Dans les faits, ce travail émotionnel s'ajoute aux multiples tâches physiques et mentales de la journée. Charge qui s'ajoute elle aussi, comme la charge mentale, à la double journée des femmes, comme l'écrit la sociologue Rebecca J. Erickson*.

Portez-vous aussi la charge émotionnelle ?

Pour le savoir, cochez les affirmations dans lesquelles vous vous reconnaissez... et découvrez à quel point vous endossez aussi cette charge.

❑ Vous avez l'impression de gérer la « politesse » du couple vis-à-vis de vos proches, notamment les invitations à dîner, le bouquet de fleurs à amener à la maîtresse de maison...

* Rebecca J. Erickson, « Why Emotion Work Matters: Sex, Gender, and the Division of Household Labor », *Journal of Marriage and Family*, vol. 67, n° 2, mai 2005.

❑ Vous achetez tous les cadeaux de Noël, en vous efforçant de prévoir une petite attention pour chacun de vos proches.

❑ Vous pensez aux cartes de vœux à envoyer en fin d'année.

❑ Vous rappelez à votre partenaire de ne pas oublier l'anniversaire de sa propre mère ou les 40 ans de mariage de ses parents.

❑ Vous en arrivez à gérer l'emploi du temps social de votre partenaire, en lui suggérant qu'il devrait voir ses amis tel soir de la semaine, par exemple.

❑ Vous passez souvent de longues heures à écouter votre partenaire vous raconter ses problèmes de travail. Tout en gardant un visage avenant et en vous montrant empathique.

❑ Vous poussez votre partenaire à discuter avec un ami ou à aller chez le psy quand il va mal.

❑ Vous organisez votre emploi du temps en fonction des envies des autres.

→

❑ Quand votre belle-mère veut avoir des nouvelles de son fils, c'est vous qu'elle appelle.

❑ Vous lisez des articles et des livres sur le couple pour savoir comment améliorer votre relation, ou des ouvrages sur la parentalité pour élever vos enfants avec plus de bienveillance.

Chapitre 3

La charge mentale, un sujet à ne pas prendre à la légère

Si la notion de charge mentale est devenue tellement populaire, c'est parce qu'elle permet aux femmes d'exprimer une véritable souffrance qu'elles subissent dans le secret de leur foyer, parfois depuis de très longues années. Le fait que les femmes doivent toujours penser à tout est « une charge et une fatigue considérables, dont nous n'avons pas conscience* », confirme le sociologue Jean-Claude Kaufmann. Une souffrance et une fatigue souvent cachées, voire ignorées, mais **qui ont des répercussions dans tous les domaines de la vie : privé, amoureux et professionnel.**

---

* Voir la note p. 34.

Comme le souligne la dessinatrice Emma dans une interview accordée à *L'Express*[*], « les femmes sont obligées de renoncer à des tas de choses pour gérer leur foyer. Nous sommes moins performantes au travail, nous avons moins de loisirs, nous renonçons à une partie de notre vie sociale. Ça signifie qu'une moitié de la population se sacrifie au bénéfice de l'autre ».

Ce retentissement sans précédent, qui semble traverser toutes les classes sociales, démontre aussi et surtout que **les femmes ont besoin qu'on reconnaisse le poids de ce fardeau qu'elles portent tous les jours sur leurs épaules**. Comme s'il existait désormais une urgence à désamorcer la situation.

LA CHARGE MENTALE EST NÉFASTE POUR VOTRE SANTÉ PSYCHOLOGIQUE

On parle aujourd'hui de plus en plus de « **burn-out maternel ou domestique** », de ces mères

* Émilie Tôn, « Penser à tout ? Elles en ont ras le bol ! », *L'Express*, 24 mai 2017.

« qui craquent* », écrasées par le poids des responsabilités et des tâches à accomplir chaque jour... La charge mentale qu'elles doivent porter sur leurs épaules est assurément l'un des facteurs majeurs de ce stress pouvant mener à un véritable épuisement psychologique.

Il est intéressant de noter que, comme les notions de charge mentale ou de charge émotionnelle, celle de burn-out est née dans le monde professionnel pour ensuite s'appliquer à la sphère privée. Preuve qu'être mère est un travail (presque) comme un autre qui, en raison des contraintes de notre monde d'aujourd'hui, peut être source de stress aigu.

Dans le monde professionnel, on identifie classiquement un certain nombre de situations qui accroissent les risques psychosociaux, avec des retentissements possibles sur la santé physique et mentale du salarié pouvant aboutir à ce fameux syndrome d'épuisement professionnel, ou burn-out.

Les méthodes des sociologues Robert Karasek et Johannes Siegrist reposent sur le croisement

---

* À lire sur ce sujet : *Quand les mères craquent*, d'Etty Buzyn, éditions Leduc.s, 2018.

de trois axes d'analyse* qui, mis l'un dans l'autre, peuvent « prédire » le risque psychosocial. Ce modèle peut parfaitement être appliqué dans la sphère privée pour analyser comment la charge mentale peut se révéler pesante et étouffante.

Dans la sphère professionnelle, les facteurs déclencheurs du burn-out à prendre en compte sont :

① **Les exigences de travail :** quantité et intensité du travail, importance des tâches imprévues et/ou morcelées, fréquence des interruptions de tâches pour en effectuer de plus urgentes, dépendance vis-à-vis des autres...

② **Le degré d'autonomie :** possibilité ou non de choisir les modes opératoires, capacité à peser sur les décisions, utilisation des compétences, possibilité d'épanouissement à la réalisation de la tâche (liberté d'organisation, marges de manœuvre, diversité des tâches, développement des connaissances, des compétences, créativité...).

③ **Le soutien social, instrumental ou émotionnel :** soutien sur les aspects techniques, aide morale, reconnaissance des efforts et des résultats...

---

* Source : *Dossiers CHSCT : La notion de charge mentale au travail*, www.officiel-prevention.com, mai 2013.

Dans la sphère privée, à vous de faire le point sur votre charge mentale domestique !

1. Les exigences de travail

Êtes-vous tout le temps sur le pied de guerre ?

Faites une petite introspection en répondant à ces questions :

- Dans la réalisation de vos tâches domestiques et familiales quotidiennes, avez-vous l'impression que vous êtes sans cesse interrompue dans ce que vous faites ?
- Diriez-vous que, dans la famille, c'est à vous que revient la responsabilité de gérer les imprévus ?
- Vous sentez-vous constamment « au service » des autres membres de votre famille ?

Vous l'avez maintenant bien compris : l'une des caractéristiques premières de la charge mentale est de **devoir penser à plusieurs choses en même temps**. D'où un morcellement des tâches, voire des interruptions incessantes, qui sont des causes majeures d'épuisement. Vous êtes aussi souvent en première ligne pour gérer les imprévus : quand un enfant scolarisé ou gardé à la crèche est malade, c'est vous que l'on appelle, plus rarement le père ! La dépendance vis-à-vis des autres est également un facteur clé qui pèse sur vos épaules : vous devez vous conformer et vous adapter aux horaires des membres de la famille (c'est à sens unique), ce que le sociologue François de Singly appelle la « disponibilité familiale* ».

2. Le degré d'autonomie

Vos tâches vous épanouissent-elles ?

Faites une petite introspection en répondant à ces questions :

› Estimez-vous que vos responsabilités liées à votre charge mentale domestique vous permettent d'utiliser vos compétences ?

› Dans la réalisation de ces tâches domestiques de gestion, de planification et d'organisation, vous épanouissez-vous ?

* François de Singly, *Le soi, le couple et la famille*, éditions Armand Colin, 2005.

› Pensez-vous avoir une certaine marge de manœuvre dans la réalisation de votre travail de planification familiale ?
› Les tâches liées à votre charge mentale sont-elles, au bout du compte, toujours les mêmes ?

La charge mentale est un poids dans le sens où vous pouvez avoir l'impression de ne pas utiliser vos compétences. Vous n'avez aucune marge de manœuvre, ni liberté d'organisation. De plus, la responsabilité de cette charge ne vous procure aucun épanouissement personnel, car elle ne vous offre pas la possibilité de développer vos connaissances ni votre créativité.

3. *Le soutien social, instrumental ou émotionnel*

Êtes-vous suffisamment soutenue et reconnue ?

Faites une petite introspection en répondant à ces questions :
› Dans la réalisation de vos tâches de planification quotidiennes, pensez-vous être suffisamment soutenue moralement ? →

› Pensez-vous bénéficier de suffisamment de reconnaissance de la part de votre conjoint, que ce soit vis-à-vis de vos efforts ou de vos résultats ?

› Pensez-vous que la charge mentale que doivent assumer les femmes est reconnue à sa juste valeur par la société ?

La charge mentale est un travail que les femmes doivent assumer seules, sans aucun soutien technique (on n'a pas encore inventé le robot qui pourrait les remplacer dans ce domaine) ni moral (à quand le dernier : « *Merci, Maman, d'avoir pensé à laver mon maillot de foot* », ou : « *Merci, chérie, d'avoir pensé à inscrire le petit dernier au judo* » ?). À cela s'ajoute une non-reconnaissance sociale, voire un déni total. En effet, il n'y a aucun chiffre proprement dit sur la charge mentale. Quand on affirme que les femmes assument 70 % des tâches domestiques ou qu'elles passent 3 heures par jour à s'occuper de leurs enfants et de leur maison, **on ne prend pas en compte cette charge qui fait que leur esprit, lui, est occupé quasiment 100 % de leur temps d'éveil (au point même, parfois, de les empêcher de dormir), soit au moins 16 heures par jour** ! Dans une interview donnée pour un article de Franceinfo*, la sociologue Sandra Frey, elle, n'hésite pas à dire que la charge mentale a « quelque chose de l'ordre de l'esclavagisme. C'est un travail non rémunéré, nié dans sa valeur, non reconnu et illimité ».

Autre facteur qui pèse lourd dans le burn-out domestique : l'impression de ne plus avoir aucun temps pour soi, car il faut toujours penser aux autres.

ÉMILIE, 42 ANS, 2 ENFANTS

« Entre mon travail, mes enfants et ma maison, j'ai l'impression de ne plus avoir une minute pour m'occuper de moi. Aller chez le coiffeur, faire du shopping, passer une soirée avec des copines, c'est maintenant devenu un luxe ! »

Constat que font aussi de nombreux sociologues. Comme l'explique Anne-Marie Devreux** : « Entre les heures de travail et la présence attendue, si ce n'est obligatoire, à la maison, **il ne**

---

* Yacha Hajzler, « "Charge mentale" : quatre réponses à vos amis qui assurent qu'ils partagent les tâches ménagères », Franceinfo, 19 mai 2017.

** Anne-Marie Devreux, « Question de temps, questions sur le temps », *Les Temps modernes*, n° 438, 1983.

reste pas de temps, de ce temps libre dont il est tellement question aujourd'hui mais qui ne s'adresse qu'aux hommes. Le récit de journées de femmes qui travaillent [...] ne laisse apparaître aucun moment flou dès lors [qu'elles] sont chargées d'époux ou d'enfants. Pas de ces moments où les hommes flânent au café, lisent le journal, etc. »

François de Singly* confirme : « Tandis que les hommes salariés ou les femmes au foyer connaissent l'alternance des activités laborieuses – professionnelles ou domestiques – et des activités de loisir, les femmes salariées ont à mener la difficile "gestion ordinaire de la vie en deux" au prix d'une compression de leurs trois temps de vie, temps libre, temps familial et temps professionnel. »

---

* François de Singly, « La journée double », *Informations sociales*, n° 5, 1987.

LA CHARGE MENTALE PEUT METTRE EN PÉRIL VOTRE COUPLE

La charge mentale est souvent **un sujet de tensions dans le couple, car il est l'objet d'une incompréhension.** D'un côté, la femme accumule la fatigue et les frustrations qui se transforment parfois en ressentiment contre son partenaire ; de l'autre, les hommes dénoncent la mauvaise humeur de leur compagne qui « n'arrête pas de se plaindre ». Ce qui est particulièrement dangereux pour le couple…

La plupart des femmes se plaignant de la charge mentale qui pèse sur leurs épaules ne dénoncent pas tant la masse de choses qu'elles doivent gérer **que le fait qu'elles doivent y penser seules** ! En quelque sorte, elles se plaignent davantage du fait que cette charge ne soit pas partagée. Elles savent qu'être mère tout en travaillant n'est pas chose facile, car la pression est forte aujourd'hui sur l'un et l'autre domaine. **Ce qu'elles attendent, c'est que quelqu'un les soutienne dans cette tâche quotidienne, qu'elles puissent se « décharger » d'une partie des responsabilités qui leur incombent.** Pas sur une personne extérieure au foyer, mais sur une personne qui en fait intégralement partie : l'homme.

SABRINA, 35 ANS, 2 ENFANTS

« Quand je lui parle de tout cela, mon mari me propose souvent cette solution : on n'a qu'à prendre quelqu'un pour le ménage, pour aller chercher les enfants à l'école… Mais ce n'est pas ça dont j'ai besoin. D'abord parce que cela alourdirait encore un peu plus ma charge mentale, car ce serait à moi de gérer la femme de ménage et la baby-sitter. Et parce que j'attends simplement de lui qu'il prenne des initiatives… Parfois, j'ai l'impression que nos priorités ne sont plus du tout les mêmes. Pour lui, c'est d'abord le boulot, puis les loisirs, puis la famille… Moi, c'est la famille, le boulot, et s'il me reste du temps, ce qui n'arrive presque plus, les loisirs. »

La charge mentale est aussi un défi pour l'avenir du couple, parce qu'elle remet en question l'essence même de ce couple, sa raison d'être.

SABRINA, 35 ANS, 2 ENFANTS

« On s'est mis en couple par amour, parce qu'on partageait les mêmes valeurs et parce qu'on avait envie d'avancer sur le même chemin. Pas pour que je m'occupe de lui comme une mère ! Parfois, j'ai l'impression de ne pas avoir deux enfants à la maison, mais trois. Par exemple, c'est moi qui lui rappelle ses rendez-vous de dentiste, le fait qu'il ne doit pas oublier sa carte Vitale… Oui, je pourrais ne pas le lui rappeler et le laisser face à ses responsabilités. Mais je le fais aussi pour son bien. Devrais-je ne pas le faire, au risque qu'il oublie et qu'il ne se fasse pas soigner ? Le problème est que cela fonctionne comme ça pour tout ! »

LES TÂCHES DOMESTIQUES, SUJET N° 1 DES COUPLES… AU BORD DE LA RUPTURE

Si l'on en croit les chiffres de l'Ined (Institut national des études démographiques), les tâches ménagères seraient le troisième thème de dispute pour les femmes (après l'éducation des enfants et les parents), et le deuxième pour les hommes (juste derrière les parents). Il est intéressant de noter qu'il est le principal motif de friction des couples qui déclarent avoir récemment envisagé une rupture ! Chez les couples qui se disent très satisfaits de leur ménage, ce sujet n'arrive qu'en troisième position. Preuve que la fréquence du sujet au sein du couple est un bon indice de la façon dont il va évoluer…

→

Malheureusement, la « charge mentale » qui englobe à la fois les tâches domestiques et le fait d'y penser n'était pas un choix proposé aux personnes interrogées... Parions qu'elle aurait peut-être supplanté les tâches domestiques.

Avez-vous les mêmes priorités ?

Listez vos trois sujets de dispute principaux, puis demandez à votre mari de faire de même... Cela peut être l'occasion d'une discussion ! Si vous mettez tous les deux en n° 1 les tâches domestiques ou la charge mentale, vous savez que c'est le sujet à traiter en priorité !

Parfois, le point de rupture est atteint et la relation se solde par un divorce qui permet aux femmes de sortir de cette « disponibilité familiale » et de retrouver un semblant de liberté. Nombreuses sont les femmes qui ont rompu pour ce motif et qui se rendent compte, au final, que le père peut assumer sa part de charge mentale quand il est mis au pied du mur, quand il n'a plus à ses côtés une femme sur laquelle se reposer.

Pour d'autres femmes en revanche, il faut reconnaître que la tâche sera encore un peu plus compliquée, car elles devront non seulement assumer la charge mentale de leur foyer, mais aussi gérer le passage de relais, parfois très complexe, entre les deux maisons.

MARJOLAINE, 33 ANS, 2 ENFANTS

« Après quinze ans de relation, dont dix de mariage et deux enfants, j'ai craqué. Cela faisait six ans, depuis la naissance de notre première fille, que je mourais à petit feu sous le poids de la charge mentale. Sans en avoir conscience, parce qu'il faisait "sa part" : il s'occupait de tous les repas, des menus travaux, assumait ses enfants et le ménage à 50 %. Mais c'était mon cerveau qui turbinait en permanence. C'était moi qui complétais la liste des courses chaque fois qu'on terminait quelque chose, moi qui jetais les rouleaux de papier toilettes vides, moi qui saturais mon agenda de rappels (réserver les vacances, prendre rendez-vous chez le pédiatre, acheter les vaccins, retirer des sous pour la kermesse de l'école, commander les cadeaux d'anniversaire, retenir la date d'inscription aux activités extrascolaires et rassembler les papiers nécessaires), moi qui filais à la pharmacie au moindre signe de rhume une veille de week-end, moi qui ai tout appris, tout lu sur l'alimentation du tout-petit, sur l'acquisition de la propreté, sur la parentalité bienveillante, moi qui cherchais de nouveaux endroits où les emmener en promenade, moi qui achetais tous les vêtements, tous les jouets et tous les livres pour enfants (et qui les revendais quand ils ne servaient plus), et même moi qui organisais des soirées ou week-ends en amoureux pour notre anniversaire de rencontre ou de mariage (si je ne m'en occupais pas, il ne se passait tout simplement rien). Quand l'une ou l'autre était malade, ou les deux, c'était moi qui allais les chercher et moi qui sacrifiais une ou plusieurs journées de travail, parce que j'étais freelance alors, forcément, c'était plus "facile" pour moi de rogner sur mon temps professionnel (je pouvais toujours rattraper par des nuits blanches...). Pendant six ans, je n'ai été que planification, organisation, anticipation, gestion. Alors un jour, j'ai craqué : j'ai quitté tout ça. Je porte toujours seule cette charge mentale, mais à temps partiel, et au moins, cette fois, c'est moi qui ai choisi et j'ai retrouvé ma liberté. »

AUX FEMMES LA CHARGE DOMESTIQUE, AUX HOMMES LA CHARGE SEXUELLE ?

Comme le fait remarquer Maïa Mazaurette dans un article passionnant paru sur le site LeMonde.fr*, la responsabilisation des femmes vis-à-vis de la bonne marche de leur foyer est inversement proportionnelle à leur prise d'initiatives au lit. « Si l'Insee nous apprend que les femmes s'occupent de 71 % des corvées domestiques et de 65 % des tâches parentales, nous retrouvons sous la couette un chiffre quasiment inverse : 44 % des femmes laissent souvent ou toujours les hommes prendre l'initiative du rapport sexuel (Ipsos, 2014**). Et plus de la moitié d'entre elles passent leur tour quand il s'agit de demander franchement ce dont elles ont envie. »
Est-ce à dire que les femmes, épuisées par les tâches physiques et mentales qu'elles remplissent toute la journée, n'auraient plus assez d'énergie pour batifoler le soir ? Peut-être... mais d'autres facteurs entrent aussi en ligne de compte ! →

* Maïa Mazaurette, « La "charge mentale" des femmes nuit gravement à la sexualité », LeMonde.fr, 11 juin 2017. Article disponible en ligne à cette adresse : www.lemonde.fr/m-perso/article/2017/06/11/la-charge-mentale-des-femmes-nuit-gravement-a-la-sexualite_5142140_4497916.html
** « Sexualité : de quoi les Françaises ont-elles vraiment envie ? », Ipsos pour *Psychologies magazine*, mars 2014.

Comme le souligne l'auteure de l'article, si les hommes prennent l'initiative du rapport, c'est aux femmes que revient la responsabilité de tout ce qui l'entoure : la contraception et les « impératifs de bonne présentation sexuelle » (épilation et *tutti quanti*), sans compter, de manière très concrète, la propreté du linge de lit. « À mon humble avis, conclut Maïa Mazaurette, si les femmes prennent moins l'initiative du rapport sexuel, c'est parce qu'elles sont épuisées de s'être préparées au rapport sexuel... mais aussi parce que les galipettes sont toujours plus plaisantes dans des draps propres, et que s'il faut s'infliger la lessive en plus de l'épilation, ça ne va pas être possible. »

LA CHARGE MENTALE PEUT ÊTRE UN OBSTACLE À VOTRE ÉPANOUISSEMENT PROFESSIONNEL

La charge mentale pèse assurément sur la façon dont les femmes abordent leur vie professionnelle et leur carrière. Il ne s'agit pas de dire qu'elles sont moins efficaces au travail parce que leur esprit est toujours accaparé par les mille et une tâches à gérer à la maison – dans les faits, elles parviennent à gérer les deux (mais à quel prix ?). En revanche, **cette charge mentale peut les inciter à se freiner elles-mêmes dans le développement de leur carrière, même si cela se fait souvent de manière inconsciente.**

MARIE-ANNE, 42 ANS, 2 ENFANTS

« Une fois, j'ai refusé de participer à une formation car il fallait partir trois jours entiers. Avec les enfants à gérer, il m'était impossible de m'absenter de la maison aussi longtemps ! »

Dans certains cas, la charge mentale que les femmes assument à la maison est parfois telle qu'elles se sentent physiquement incapables d'alourdir leur charge professionnelle en prenant davantage de responsabilités.

TRAVAIL OU FOYER : IL FAUT CHOISIR

Selon un récent sondage*, 38 % des femmes assurent que le fait de devoir se soucier de l'organisation quotidienne et des urgences liées aux enfants est un obstacle à la recherche de nouvelles responsabilités. 19 % ont déjà refusé des promotions pour cette raison et 21 % n'ont pas demandé d'augmentations (contre 12 % des hommes). Plus de 7 femmes sur 10 estiment aussi qu'elles devraient moins s'investir dans leur travail pour mieux assurer leur rôle de mère…

Ajoutez à cela le fait que, dans de nombreux cas, dans le couple, la priorité est donnée à la réussite des hommes, et non à celle des femmes ! Trois chercheuses américaines l'ont démontré dans une étude parue dans la *Harvard Business Review*. Après avoir interrogé plus de 25 000 hommes et femmes diplômés de la Harvard Business School, elles sont parvenues à la conclusion que **le principal frein à la carrière des femmes, ce n'est pas d'avoir des enfants ou un foyer à gérer, mais c'est d'être en couple**

* Sondage Ipsos/Elle Active réalisé sur un échantillon de 2 003 personnes représentatif de la population française active du 25 février au 2 mars 2015.

avec un homme qui privilégie sa carrière au détriment de celle de sa compagne. Et donc qui, consciemment ou pas, se décharge de la gestion du foyer sur elle…

Chapitre 4

Aux origines de la charge mentale : comprendre ce qui se joue

La charge mentale, en soi, n'est pas un problème : il est normal, quand on a un emploi et qu'on est mère en même temps, d'avoir de nombreuses choses à penser et à organiser. Mais sous cette notion de charge mentale se cache celle de *surcharge* mentale (quand il y a trop de choses à penser). Ce qui sous-entend, le plus souvent, que l'homme n'assume pas la part qui devrait pourtant lui revenir… Pourquoi ?

L'HOMME AU TRAVAIL, LA FEMME À LA MAISON : LE POIDS DES VIEUX MODÈLES

La charge mentale repose avant tout sur l'idée que la femme est la responsable du foyer et des enfants, et que l'homme est celui qui travaille à l'extérieur pour ramener l'argent à la maison. Il a la « charge financière » : c'est un système donnant-donnant, alors la femme se doit de compenser en faisant davantage de choses à la maison. Même si ce modèle de référence semble à première vue obsolète, il est en réalité toujours d'actualité. Et sans cesse entretenu par la société. Qui la directrice de l'école appelle-t-elle quand l'un des enfants est malade ? À qui s'adressent les publicités pour les appareils électroménagers ou les lessives ? Aux femmes, bien sûr ! Idem pour la presse féminine, qui exhorte sans cesse les femmes à devenir des pros en cuisine, dans leur couple, avec leurs enfants, comme si elles pouvaient et surtout *devaient* tout gérer. Les femmes elles-mêmes entretiennent aussi cette image, même si c'est de manière inconsciente et involontaire.

SARAH, 40 ANS, 2 ENFANTS

« Entre femmes, on se donne des conseils, on s'entraide, on se refile les numéros de nos baby-sitters, de l'ophtalmo... Tout cela, les hommes, ça leur échappe ! »

La permanence de ce stéréotype implique aussi que **le travail des hommes est souvent beaucoup plus valorisé que celui des femmes.** Il « vaut » plus, aussi bien sur le plan économique que sur le plan symbolique. Car c'est aujourd'hui un fait : les femmes gagnent en moyenne 10 % de moins que les hommes en France, selon une récente étude* de l'OCDE (Organisation de coopération et de développement économiques).

BARBARA, 30 ANS, 1 ENFANT

« Comme mon mari est payé plus que moi, c'est moi qui dois rentrer plus tôt à la maison le soir pour m'occuper de notre fils... Lui "ne peut pas". J'ai aussi parfois l'impression que le travail de la femme ne se voit pas. L'autre jour, à un mariage, l'un des amis de mon mari disait : "Tu vois, ton

* « Atteindre l'égalité femmes-hommes, un combat difficile », OCDE, 2017.

> mari, comme il assure dans son travail !" Et moi, alors ? J'en arrive à culpabiliser de travailler : je me dis parfois que ma place de mère est d'être auprès de mon enfant. »

Ce déséquilibre financier crée aussi un **déséquilibre au niveau de la façon dont sont perçus le travail des femmes et celui des hommes**. Selon une étude* de l'université Furmen en Caroline du Sud, une demande de télétravail ou d'aménagement d'horaires sera interprétée différemment selon qu'elle est faite par un homme ou par une femme. Chez l'homme, elle est vue comme un signe de dévouement héroïque envers sa famille, tandis que **chez la femme, elle est perçue comme un manque d'implication, un signe de désengagement ou un défaut d'organisation.** Ce qui sous-entend que la demande du premier aura plus de chances d'aboutir que celle de la seconde ! Pour Christin L. Munsch, l'une des coauteures de l'étude, ces résultats reflètent parfaitement le stéréotype de la parentalité actuelle : « On considère aujourd'hui que le travail rémunéré

---

* Christin L. Munsch, Cecilia L. Ridgeway et Joan C. Williams, « Pluralistic Ignorance and the Flexibility Bias: Understanding and Mitigating Flextime and Flexplace Bias at Work », *Work and Occupations*, 2014.

et les tâches domestiques font partie des devoirs normaux des femmes, tandis que la première responsabilité de l'homme reste de nourrir sa famille. Dès qu'il s'implique dans la garde d'enfant ou les tâches domestiques, on lui sera reconnaissant. »

Le plus dangereux dans cette situation est que les inégalités professionnelles entre les deux sexes s'expliquent par cette image que véhicule la société. C'est en partie parce que les femmes doivent assumer leur journée imbriquée qu'elles choisissent le temps partiel, qu'elles optent pour des filières professionnelles moins valorisées ou qu'elles accordent moins d'importance à leur carrière... Et pas l'inverse ! Comme si elles avaient intégré depuis toutes petites l'idée que leur carrière ne serait pas une priorité...

LES INÉGALITÉS HOMMES-FEMMES, SOCIALEMENT CONSTRUITES DEPUIS... LA PRÉHISTOIRE !

Selon la célèbre anthropologue Françoise Héritier, qui a consacré l'essentiel de ses recherches aux fondements de la domination masculine, les schémas mentaux de l'inégalité

→

homme-femme remontent à la préhistoire. S'appuyant sur les travaux de Priscille Touraille*, elle explique par exemple que la différence de taille entre homme et femme est déterminée par l'accès à la nourriture, l'homme prenant pour lui les protéines et les graisses, et la femme les féculents, « ce qui donne des rondeurs » (il faut en effet des réserves pour les grossesses). Françoise Héritier explique aussi que, sur tous les plans, les inégalités hommes-femmes ont été construites par l'éducation et la société ; elles ne sont pas naturelles ni déterminées biologiquement. « Les femmes et les hommes sont égaux en capacités intellectuelles et émotionnelles, mais on ne leur permet pas de les développer de la même manière**. »

LE BÉBÉ DÉCLENCHEUR

Pourquoi une telle sexualisation des rôles entre les hommes et les femmes dans une société qui,

* Priscille Touraille, *Hommes grands, femmes petites : une évolution coûteuse. Les régimes de genre comme force sélective de l'évolution biologique*, Éditions de la Maison des sciences de l'Homme, 2008.
** Entretien accordé à *Sciences et avenir*, juin 2009.

pourtant, ne cesse de vouloir valoriser l'égalité ? Pourquoi, dans les couples aussi, malgré une égalité revendiquée haut et fort lorsqu'ils s'installent ensemble, le partage des tâches et des responsabilités se fait-il selon ce modèle traditionnel et rétrograde ?

Le catalyseur est sans aucun doute la naissance d'un enfant, le passage du statut de couple à celui de famille. Avoir un bébé est en effet un bouleversement complet pour l'organisation d'un couple. **La charge mentale associée au bébé est immense, et se retrouve à peser immanquablement sur les épaules de la jeune maman.** « Les femmes passent d'un "psychisme simple" où elles s'occupent avant tout d'elles, de leur travail, de leurs activités, à un sentiment d'écrasante responsabilité* », explique Catherine Serrurier**, psychothérapeute et conseillère conjugale.

Le problème n'est pas tant que la charge s'alourdit mais que **le fossé se creuse entre les responsabilités, les aspirations et le quotidien**

---

* Leslie Rezzoug, « Charge mentale : "Passer du couple à la famille, c'est un bouleversement complet" », www.lexpress.fr, 9 juin 2017.
** Auteure de *C'est de ta faute ! Peur, pouvoir et rivalité dans le couple* (Desclée de Brouwer, 2004) et de *Ces femmes qui en font trop* (La Martinière, 2002).

de chacun des membres du couple. « Une fois parents, les hommes privilégient l'insertion professionnelle et se désinvestissent des tâches domestiques, tandis que les femmes mettent en avant leur rôle dans l'organisation familiale et les soins à l'enfant tout en réduisant leur investissement professionnel* », analyse Francesco Giudici dans *Devenir parents, devenir inégaux* (le titre du livre à lui seul résume d'ailleurs toute la problématique !). Voilà pourquoi **la naissance d'un enfant est un moment charnière, un facteur de risque dans l'alourdissement de la charge mentale.**

LA CHARGE MENTALE, LA « REVANCHE DES FEMMES » ?

« La charge mentale du foyer est un enjeu de pouvoir au sein du couple », explique la sociologue Christine Castelain-Meunier**. « Même si les choses évoluent, les femmes ont encore

* Francesco Giudici, « Le poids du passé : types de parcours avant la naissance du premier enfant et leur impact lors de la transition à la parentalité », *Devenir parents, devenir inégaux*, sous la direction de Jean-Marie Le Goff et René Lévy, éditions Seismo, 2016.
** Flore Thomasset, « La "charge mentale" : quand les femmes pensent à tout... », La-Croix.com, 20 septembre 2016. Article disponible en ligne à cette adresse : www.la-croix.com/Famille/Parents-et-enfants/Quand-femmes-pensent-tout-2016-09-20-1200790409

souvent un salaire moindre, une vie professionnelle moins prestigieuse… Dans le foyer, en revanche, ce sont elles qui ont la main. Le risque est qu'elles transforment leur domicile en forteresse et leur mari en valet. » On comprend donc pourquoi l'allégement de la charge mentale passe aussi par le combat contre les inégalités professionnelles…

Pourquoi un tel retour au modèle familial traditionnel quand on devient parent ? L'explication est en partie physiologique : du fait que ce sont les femmes qui portent les enfants, elles en sont, dans l'inconscient collectif mais aussi dans celui des mères elles-mêmes, les premières responsables (d'où leur réticence, parfois, à déléguer). Stéréotype entretenu encore et toujours par la société.

Bien sûr, le modèle dans lequel on a grandi compte aussi. De nombreuses femmes avouent répéter, dans leur propre foyer, le schéma familial qu'elles ont connu durant leur enfance…

SARAH, 40 ANS, 2 ENFANTS

« Quand j'étais petite, à la maison, c'est ma mère qui gérait tout cela. Du coup, j'ai naturellement repris ce mode de fonctionnement. »

SOLENNE, 39 ANS, 5 ENFANTS

« Dans mon éducation, la mère est celle qui s'occupe de toutes les corvées, et le père est là en bonus. Je porte l'héritage des anciennes générations, où la mère restait à la maison, attachée à l'image du foyer. Mais il y a aussi quelque chose de naturel là-dedans : le fait d'avoir porté l'enfant nous rend, en tant que mères, davantage responsables. »

Mais l'image véhiculée par l'inconscient collectif, par la société, est parfois même plus forte que l'éducation que l'on a reçue...

BARBARA, 30 ANS, 1 ENFANT

« Dans notre foyer, c'est moi qui assume la charge mentale. Pourtant, je n'ai pas du tout été élevée comme cela ! Ma mère, féministe, a toujours défendu son autonomie. Elle n'a jamais fait de tâches domestiques et a toujours été secondée sur ce plan. Alors est-ce que l'image de la société a été plus forte que mon éducation ? »

Beaucoup d'hommes, élevés dans l'idée que leur mère s'occupait de tout à la maison, avouent eux aussi reproduire ce qu'ils ont vécu étant enfant, dans leur propre famille.

XAVIER, 41 ANS, 2 ENFANTS

« Quand j'étais petit, c'était ma mère qui s'occupait de tout à la maison, de nous deux, mon frère et moi, mais aussi de tout le reste. Je crois que, de manière inconsciente, je reproduis ce schéma aujourd'hui, même si j'estime avoir aussi ma part de charge mentale. Les hommes de ma génération ont été éduqués, conditionnés ainsi. C'est d'une grande violence que de leur demander de changer du jour au lendemain. »

Vous l'aurez compris : pour dire stop à la charge mentale, il faut non seulement agir sur le terrain, dans son couple et sa famille, mais aussi voir plus loin pour faire évoluer les mentalités de la société tout entière, en commençant par celle de ses proches et de ses propres enfants !

2

LES SOLUTIONS CONCRÈTES POUR ALLÉGER SA CHARGE MENTALE

Une fois que l'on a bien saisi les tenants et les aboutissants de cette notion de charge mentale, comment fait-on au quotidien pour vivre avec de manière plus sereine ? Si vous avez une maison et des enfants, vous devrez immanquablement assumer la charge mentale qui leur est liée. C'est un fait. Mais il existe des astuces à mettre en place pour éviter qu'elle ne vous étouffe complètement et mette en péril votre épanouissement de femme et de maman, ainsi que votre désir de carrière ou l'avenir de votre couple.

Vous découvrirez dans cette partie diverses pistes pour alléger votre charge mentale. Certaines concernent le couple et l'organisation générale du foyer, d'autres l'image que vous avez de vous-même. Car, en matière de charge mentale, il existe deux types de profils : les femmes qui rejettent la faute sur leur conjoint (« *Il se repose trop sur moi, je voudrais qu'il prenne davantage d'initiatives* ») et celles qui se culpabilisent (« *Je ne suis pas assez organisée, je me fais sûrement une montagne de pas grand-chose* »).

Bien sûr, ces deux aspects de la problématique peuvent aussi être présents en chacune de nous, à des degrés divers. Chaque situation est unique ! À vous, donc, de déterminer les pistes qui vous semblent les plus applicables à votre quotidien, pas forcément celles que vous pensez les plus efficaces. Osez les tester ! Vous pourriez être surprise des résultats...

Chapitre 1

Posez des mots sur les maux

La première étape consiste tout simplement à prendre conscience du problème, à mettre des mots dessus, pour soi d'une part, et à verbaliser le problème, afin d'amener son partenaire à en prendre lui aussi conscience, d'autre part. Le tout, bien sûr, de la manière la plus objective possible, sans rejeter la faute sur l'un ou l'autre.

METTRE DES MOTS SUR CE QUE L'ON RESSENT

Pour beaucoup de femmes, la bande dessinée d'Emma, qui a été le point de départ du débat sur la charge mentale, fut l'occasion d'une prise de conscience personnelle. Certaines vivaient le phénomène chaque jour sans avoir mis de mots dessus, sans savoir, même, que cela avait un nom et que d'autres le subissaient aussi, assimilant ce qu'elles ressentaient à d'autres problématiques comme le partage inégal des tâches ménagères au sein de leur couple (qui n'est que la surface visible de l'iceberg) ou encore incriminant leur manque d'organisation.

Or, pour réussir à résoudre un problème, il faut d'abord l'objectiver. Cela permet de le mettre à distance. Avez-vous déjà remarqué qu'il est toujours plus facile de résoudre les problèmes des autres que les siens propres ? En avoir une vision claire et précise permet aussi d'avancer dans le bon sens et de prendre la mesure de toutes ses dimensions...

Poser des mots sur la réalité de son quotidien permet également de se rendre compte que ce n'est pas seulement un problème personnel, mais que d'autres facteurs en sont aussi à l'origine. **Et que d'autres femmes vivent exactement la même chose.** Quel poids en moins sur les épaules !

ÉMILIE, 42 ANS, 2 ENFANTS

« On peut dire que la bande dessinée sur la charge mentale est arrivée à point nommé ! Quand elle a commencé à être relayée sur les réseaux sociaux, cela faisait déjà plusieurs semaines que j'essayais de faire comprendre à mon mari que je n'en pouvais plus de penser à tout en permanence, que j'étais totalement épuisée, que je ne pouvais jamais souffler et décompresser. Mais cela finissait toujours en dispute, car il ne me comprenait pas ! Il me disait qu'on n'avait qu'à mieux se répartir les tâches, qu'il pouvait en faire plus si seulement je lui disais comment il pouvait m'aider... La veille de ce post, d'ailleurs, cela avait été notre principal sujet de discussion de la soirée. C'était un dialogue de sourds. J'en arrivais à me dire que, si j'étais débordée, c'est parce que j'étais mal organisée, que je me faisais une montagne de pas grand-chose et que le problème, finalement, venait de moi...

Quand j'ai appris qu'il y avait un mot pour désigner ce que je vivais, cela a été comme une révélation : non seulement ce n'était pas ma faute — je n'avais donc plus à culpabiliser —, mais en plus, je n'étais pas la seule femme à endurer cela ! Je pense que mon mari n'a toujours pas compris ce que je voulais lui dire (il me répond souvent : "Mais moi aussi, j'ai ma charge mentale : j'ai plein de choses à penser

> au boulot !"), mais au moins, savoir que c'est un phénomène de société et non ma faute à moi m'a permis de ne plus culpabiliser, de prendre cela avec un peu plus de recul… J'ai compris que j'avais le droit de trouver cela anormal, injuste, frustrant, pesant, difficile à vivre, et surtout que j'avais le droit de craquer à cause de cela. Et puis, cela m'a permis d'en parler avec des amies qui se sentent, elles aussi, concernées. Cela fait tellement de bien, même si, bien sûr, cela ne résout pas le problème. »

EN PARLER SEREINEMENT AVEC SON CONJOINT

La charge mentale est souvent un sujet de tensions dans le couple, parce que les hommes ont beaucoup de mal à prendre vraiment la mesure de ce que vit leur compagne. Un grand nombre d'entre eux, même ceux qui participent activement aux tâches domestiques et familiales, ne saisit pas vraiment ce que recouvre cette notion.

SOLENNE, 39 ANS, 5 ENFANTS

« J'estime être assez chanceuse sur le plan de la répartition des tâches ménagères, car Christophe fait beaucoup de choses. Mais je pense qu'il ne se rend pas vraiment compte de tout ce à quoi je dois penser toute la journée. »

Cette incompréhension est souvent difficile à surmonter. D'un côté, la mère épuisée a la sensation que son cerveau est prêt à exploser. De l'autre, son compagnon lui rétorque cette fameuse phrase, montrant bien par là qu'il ne saisit pas le fond du problème : *« Tu n'avais qu'à me demander, je t'aurais aidée ! »* Certaines femmes parlent même d'un dialogue de sourds !

Pourquoi un tel décalage ? Parce que, par définition, **la charge mentale est un travail « invisible » aux yeux de ceux qui ne la portent pas**. Le résultat se voit, mais pas tout le travail d'organisation et de planification que vous avez dû fournir en amont.

ÉMILIE, 42 ANS, 2 ENFANTS

« À la maison, c'est toujours moi qui me suis occupée des nounous (je dis "des", parce qu'on n'a pas eu de chance dans ce domaine et qu'on en a eu plusieurs successives pour garder nos filles). C'est moi qui ai mis les petites annonces, qui ai fait passer les entretiens, qui ai trouvé l'autre famille pour partager la garde, qui ai expliqué le fonctionnement de la maison, qui ai effectué les formalités administratives, qui ai géré leurs congés, leurs arrêts maladie, leurs fiches de salaire, leur licenciement… Cela m'a demandé une énergie folle ! Mon mari, lui, ne voyait en fait que le résultat : la nounou est là et elle garde nos enfants. Il n'a jamais vraiment pris la mesure de tout ce qui se passait en coulisses. »

Cette « invisibilité » de la charge mentale est **une source énorme de frustrations parce que cela engendre un manque de reconnaissance** (or, on sait que, dans le monde professionnel comme dans la sphère privée, c'est une cause majeure de l'épuisement ou burn-out). Et puis, **comment faire pour changer concrètement les choses si le problème n'est pas posé de manière claire et objective, et pris en compte de la même manière par les deux parties ?**

En effet, si quelque chose est invisible, il paraît logiquement impossible de se le répartir.

D'où l'importance de **rendre visible tout ce travail que vous faites au quotidien** pour le bon fonctionnement de votre foyer ! Oui, mais comment faire ? En pratique, il existe plusieurs méthodes.

1. Le dialogue

Niveau d'efficacité : 3/10.

Expliquer de manière sereine à son partenaire toutes les missions accomplies dans la journée peut apparaître comme une première étape. Il est effectivement important de miser sur le dialogue, en particulier sur ce type de sujet, afin de ne pas ruminer et d'entretenir la frustration qui pourrait amener à rejeter la faute sur l'autre.

Mais à long terme, ce n'est pas la solution idéale, car cela risque de devenir votre sujet de discussion numéro 1 ! De plus, le dialogue n'implique pas l'action. **Pour se rendre vraiment compte de la situation, il faut la vivre :** vous aurez beau expliquer par A + B à votre partenaire comment se déroule votre journée, s'il ne la vit pas concrètement, il ne pourra pas se rendre *réellement* compte de l'épuisement mental que cela induit.

2. La liste

Niveau d'efficacité : 5/10.

Au lieu de dérouler par oral toutes les choses auxquelles vous avez dû penser dans la journée, faites-le par écrit. La méthode est plus efficace que le dialogue, car il reste une trace, la liste, que vous pouvez afficher sur votre réfrigérateur, par exemple. Votre partenaire l'aura tous les soirs sous les yeux et, dans le meilleur des cas, pourra peut-être prendre l'initiative de remplir quelques-unes des missions listées...

Au passage, cela vous permettra aussi de vous rendre compte que certaines de ces tâches ne sont peut-être pas aussi indispensables que vous le pensiez.

MARIE-ANNE, 42 ANS, 2 ENFANTS

« Quand nous nous sommes installés ensemble, avec mon compagnon, j'ai très vite, et de manière assez naturelle, pris en charge plus de choses que lui à la maison... Au bout de six mois, comme cela me pesait (et pourtant, nous n'avions pas encore d'enfant !), j'ai décidé qu'on allait chacun établir la liste de ce que l'on faisait concrètement dans le foyer. Je pense que c'est important d'objectiver les choses, car on ne peut pas rester dans le reproche incessant ! Lui a écrit : "Je descends la poubelle". Puis il s'est arrêté là et m'a demandé : "Mais pourquoi tu écris autant ? Montre-moi !" C'est là qu'il a découvert qu'il y avait plein d'autres choses à faire que descendre la poubelle... Au bout du compte, cela a porté ses fruits, car il m'a dit : "D'accord, je vais faire un effort..." Et, effectivement, il a davantage participé. »

L'ASTUCE EN +

Optez pour la liste sur smartphone : il existe des applis pratiques et efficaces pour gérer cela (Wunderlist, par exemple). Cela permet de l'avoir en permanence à disposition, de la partager (c'est précisément le but recherché ici !), mais aussi de l'actualiser en temps réel (par tous les membres du groupe !).

3. *La journée off (voire le week-end, voire la semaine…)*

Niveau d'efficacité : entre 6 et 10/10 (en fonction de la durée de votre absence, mais aussi de votre capacité à lâcher prise).

Rien de tel que l'immersion dans le réel pour prendre conscience des faits ! Si vous partez un ou plusieurs jours, votre partenaire sera logiquement obligé de prendre le relais sur les tâches domestiques et familiales, mais aussi sur leur planification.

L'ASTUCE EN +

Attention, pour que la prise de conscience fonctionne vraiment, il ne faut pas que vous prépariez votre départ en amont (comme le fait Émilie, qui témoigne ci-après, en rédigeant des pense-bêtes et en s'occupant des lessives et des courses à l'avance), sinon vous faussez les cartes car vous allégez la charge mentale de votre partenaire et alourdissez la vôtre ! Essayez de lâcher prise au maximum… même si cela vous semble difficile. Ne perdez pas de vue votre objectif, qui est la prise de conscience par votre partenaire de l'ampleur de votre rôle de gestionnaire au quotidien. Et pour y parvenir, il ne faut pas lui mâcher le travail !

ÉMILIE, 42 ANS, 2 ENFANTS

« Pour la première fois en six ans et demi (l'âge de ma fille aînée), j'ai laissé mon mari plus d'un après-midi seul avec les enfants : je suis partie toute une semaine à l'étranger avec des copines ! Avant de partir, j'avais fait toutes les lessives, rempli les placards de la cuisine pour la semaine, fait des fiches avec les horaires des activités des enfants, les infos essentielles à ne pas oublier (le jeudi soir, la grande doit réviser pour sa dictée du lendemain ; le vendredi, elle a cours de sport et doit mettre des baskets)… Et je suis partie ! Tout s'est finalement bien passé. Ma fille a eu un bon point à sa dictée et elle a fait du sport avec les chaussures ad hoc. À mon retour, mon mari avait même mis en place quelques rituels utiles (par exemple, choisir la veille au soir les vêtements que les enfants devaient porter le lendemain). Je le sens maintenant plus impliqué dans le quotidien. C'est lui qui, ce matin, a rappelé à la grande de mettre ses baskets. Je crois que je vais renouveler l'expérience l'année prochaine… mais sans fiches préparatoires, cette fois ! »

SE DISPUTER, MAIS SAVOIR AUSSI SE DIRE MERCI

Les bénéfices de la dispute

Vous n'osez pas aborder le sujet de la charge mentale avec votre partenaire parce que vous avez peur que cela ne dégénère en dispute, au point d'entamer la solidité de votre couple ? Rassurez-vous : selon certaines psychologues, les petites tensions dans une relation seraient la condition nécessaire des couples qui durent. Elles pourraient même être bénéfiques !

Le fait de se disputer peut en effet être **l'occasion de se remettre en question, de mettre les choses à plat et de faire évoluer la relation.** Cela montre aussi que le couple est en vie ! Pour certains couples, c'est même un mode de communication à part entière, qui permet à chacun de dire ce qu'il a sur le cœur afin d'éviter la frustration et la rancœur.

Ce n'est évidemment pas la meilleure solution (en tout cas, pas celle à adopter à chaque fois), mais cette façon de faire a au moins le mérite de prévenir l'explosion, qui serait autrement plus néfaste pour le couple. Par ailleurs, il faut aussi

veiller à l'après-dispute : une vraie réconciliation est essentielle pour permettre au couple de repartir sur des bases saines. L'objectif n'est pas de mettre un pansement sur la plaie, mais de traiter le problème en profondeur. Pour cela, il faut que chacun comprenne la source du conflit, accepte d'assumer sa part de responsabilité et de chercher ensemble des solutions qui fonctionnent, où chacun pourra trouver son compte.

L'ASTUCE EN +

Bien sûr, pour que la dispute soit « positive » pour le couple, il faut aussi veiller à ne pas franchir certaines limites : pas d'insultes ni de manque de respect, et encore moins d'agression physique...

Faites preuve de gratitude !

Une fois la prise de conscience effectuée de part et d'autre, et avant de mettre en place des solutions concrètes concernant le partage des tâches et de la charge mentale, il y a un point essentiel à ne pas oublier : **se dire merci (ou**

bravo, ou toute autre marque de gratitude) est important dans un couple. Car s'il est indispensable d'exprimer ses points de désaccord, d'expliquer ce qui ne va pas dans la relation, il est tout aussi vital de faire part de sa reconnaissance. Mais attention, **cela doit fonctionner dans les deux sens.** On a encore trop souvent tendance à remercier un homme dès qu'il s'implique un peu à la maison, mais à ne pas le faire avec une femme pour qui cela est considéré comme normal...

SARAH, 40 ANS, 2 ENFANTS

« Parfois, j'aimerais juste qu'il me dise merci que je me sois levée à 6 heures du matin pour aller inscrire son fils au karaté. Je voudrais juste qu'il reconnaisse de temps en temps mes efforts. De mon côté, j'essaie moi aussi de lui dire merci, par exemple quand il cuisine pour un dîner où l'on reçoit des amis... »

MARJOLAINE, 33 ANS, 2 ENFANTS

« Depuis la naissance de notre première fille, il y a six ans, j'ai à cœur de mettre en œuvre une parentalité bienveillante. De sortir des schémas éducatifs traditionnels — l'autorité, la fessée, les punitions, les récompenses — pour valoriser l'écoute, l'accueil des émotions, la communication, la confiance, le respect entre parents et enfants. Mais j'ai eu une enfance difficile, et il m'a fallu lire énormément, me remettre en question, m'informer, échanger avec d'autres parents, regarder des documentaires, assister à des conférences et ateliers pour instaurer, à la maison, ce climat de bienveillance, et convaincre mon compagnon du bien-fondé de tout cela afin qu'il en applique aussi les principes. Tout cela m'a pris une énergie et un temps fous !

Un jour, il m'a dit : "Tu sais, je te suis reconnaissant pour tout ce travail de recherche et de remise en question que tu as fait pour nos enfants. Si ça n'avait tenu qu'à moi, je ne me serais posé aucune question et j'aurais agi comme tout le monde. Je prends la mesure aujourd'hui de tous les bienfaits que cela a pour nos filles. Je réalise le travail titanesque que tu as mené. Et je t'en remercie profondément."

Je n'ai jamais oublié ces mots. Après des années d'efforts, de recherche, de questionnements, de batailles quand il était trop sceptique, tout ce que j'avais entrepris était reconnu. Je lui ai moi-même été profondément reconnaissante de cette prise de conscience. »

Une psychologue américaine, Sara Algoe, a même démontré dans une étude* que les personnes qui expriment leur reconnaissance à leur partenaire et qui en reçoivent de sa part ont une relation de couple plus épanouie. Une autre psychologue américaine, Amie Gordon, affirme, elle, que plus les couples sont reconnaissants, plus leur relation a de chance de tenir dans la durée. Elle émet pourtant une réserve : un acte de gratitude ne consiste pas uniquement à dire merci pour une bonne action. « **Ma définition de la reconnaissance n'est pas seulement le fait d'apprécier ce que le partenaire fait, il s'agit aussi de l'apprécier pour ce qu'il ou elle est.** Par exemple, vous êtes reconnaissant envers votre partenaire non seulement parce qu'il sort les poubelles, mais aussi parce qu'il est assez attentif pour savoir que vous avez horreur de cette corvée** », écrit-elle.

---

* S. B. Algoe, S. L. Gable et N. C. Maisel, « It's the Little Things: Everyday Gratitude as a Booster Shot for Romantic Relationships », *Personal Relationships*, 2010.
** Amie M. Gordon, « Gratitude is for Lovers », *Greater Good Magazine*, 2013. Article disponible en ligne à cette adresse : https://greatergood.berkeley.edu/article/item/gratitude_is_for_lovers

Encore faut-il aussi apprendre à recevoir ce merci ou ce bravo... Ce qui n'est pas toujours évident, comme le souligne cette maman.

SOLENNE, 39 ANS, 5 ENFANTS

« Quand je parle de ma charge mentale à Christophe, il me dit : "Oui, c'est vrai, je devrais te dire plus souvent bravo !" Alors je culpabilise un peu... »

Pourquoi une telle difficulté ? Comme l'analyse le psychiatre et psychothérapeute Frédéric Fanget*, c'est peut-être une des conséquences de votre perfectionnisme. Pour vous, faire les choses, et les faire bien, c'est naturel. Pourquoi alors vous complimenter pour avoir accompli quelque chose qui relève, selon vous, du strict minimum ? La difficulté à recevoir un merci va aussi très souvent de pair avec la difficulté à émettre un merci ! D'où l'intérêt de s'entraîner avec son partenaire...

* Frédéric Fanget, *Toujours mieux ! Psychologie du perfectionnisme*, Odile Jacob, 2010.

L'ASTUCE EN +

Vous avez envie que votre partenaire vous dise merci pour tout ce que vous organisez au quotidien pour la maison ? Vous ne pouvez pas le forcer à vous dire merci, mais vous pouvez faire le premier pas en lui disant que vous appréciez ses efforts, que vous lui êtes reconnaissante pour telle ou telle petite attention... En effet, la gratitude est contagieuse : elle génère chez l'autre des pensées positives qui, à leur tour, engendreront des comportements positifs. Cela est rendu possible par ce que l'on appelle les « neurones miroirs » qui, selon certains scientifiques, joueraient un rôle important dans l'empathie et la « contagion émotionnelle ».

Chapitre 2

Revoyez votre organisation familiale

Une fois la prise de conscience effectuée de part et d'autre, passons à la pratique ! Et, en premier lieu, à l'amélioration de l'organisation des tâches et des responsabilités au sein de la famille.

BIEN SE RÉPARTIR LES TÂCHES DOMESTIQUES, MODE D'EMPLOI

On l'a vu, même si un partage des tâches « équitable » dans le couple ne résout pas tout, il permet de faire avancer les choses dans le bon sens. **C'est une première étape incontournable.** Mais que signifie vraiment « se partager les tâches » ? Voici quelques pistes...

Misez sur l'équité plutôt que sur l'égalité

« Si on essaye de faire 50-50, on ne va pas y arriver. Mieux vaut partir des territoires, des désirs et des envies de chacun* », suggère le sociologue Jean-Claude Kaufmann. Et pas de ses compétences réelles ou supposées pourrait-on ajouter. L'objectif n'est pas de se répartir les tâches de manière égale (tant pour moi, autant pour toi) mais de manière équitable, c'est-à-dire **en prenant en compte les goûts de chacun**. Si l'un de vous aime cuisiner, il prendra logiquement en charge la préparation des repas. Si l'autre voue une passion aux balais et aux chiffons à poussière, il s'occupera plus naturellement du ménage.

Cela ne signifie pas que c'est celui qui est le plus compétent pour le faire car, comme le souligne Jean-Claude Kaufmann, c'est un piège pour

* Voir l'interview disponible à cette adresse : http://www.psychologies.com/Couple/Vie-de-couple/Au-quotidien/Interviews/Dans-le-couple-le-partage-egal-des-taches-est-une-illusion/1

la femme. Pourquoi ? Parce qu'elle est « plus exigeante et plus compétente dans la plupart des domaines », surtout parce qu'on lui a appris à l'être !

L'ASTUCE EN +

Certes, si l'on suit cette idée de respecter les désirs et envies de chacun, sortir les poubelles sera sûrement difficile à attribuer à l'un ou à l'autre… Il sera dans ce cas plus pertinent de faire une répartition égalitaire des tâches les plus contraignantes (une pour toi, une pour moi ; tu t'occupes des poubelles, je m'occupe du repassage). Le plus important est que cela soit clair et consenti par les deux partenaires.

L'équité doit également **tenir compte des contraintes de chacun**, notamment les contraintes extérieures. Bien souvent, l'un des deux membres du couple travaille plus que l'autre, a davantage de temps de transport, tandis que l'autre peut bénéficier d'horaires plus souples, travaille à proximité du domicile, voire à la maison… Ces contraintes peuvent aussi évoluer d'une semaine à l'autre. Bref, **il est également important de savoir s'adapter,** même si, bien souvent, c'est la femme qui, justement pour pouvoir assumer toutes ses contraintes familiales, fait le choix de travailler moins ou près de chez elle, voire à la maison.

L'ASTUCE EN +

Il pourra aussi être bénéfique de faire un point, à deux, sur la situation et les souhaits professionnels de chacun. Chaque partenaire devrait en effet pouvoir faire évoluer sa carrière du mieux possible, et chacun devrait donc accepter de faire quelques concessions pour favoriser la carrière de l'autre. L'objectif étant qu'aucun des deux ne soit défavorisé par rapport à l'autre (par exemple, que ce soit toujours le même qui refuse les promotions pour rester disponible pour la famille, ou toujours le même qui va chercher les enfants à l'heure de sortie de l'école, ou toujours le même qui soit obligé de quitter son travail pour un rendez-vous chez le pédiatre, etc.). Ces sacrifices doivent être équitablement partagés afin qu'ils ne deviennent pas un fardeau pour un seul des partenaires. Quand les concessions sont judicieusement réparties, elles n'en sont que plus faciles à accepter.

Privilégiez l'interchangeabilité de certaines tâches

Malgré cette répartition claire, il faut éviter d'être trop rigide et **faire au contraire preuve de souplesse, notamment pour éviter la lassitude que produit immanquablement la répétition journalière des mêmes corvées.** L'objectif est aussi de faire en sorte que celui qui fait la vaisselle, étend le linge ou sort la poubelle aujourd'hui **soit celui qui soit *réellement* disponible pour le faire**. Il est donc préférable d'éviter la spécialisation stricte comme c'est souvent le cas dans le couple (le linge pour la femme, la poubelle pour l'homme) et de privilégier l'interchangeabilité.

Comme l'explique le sociologue Jean-Claude Kaufmann*, ce principe est « intéressant car [il met] à l'épreuve l'amour : c'est celui qui est disponible qui va faire l'effort de fermer les volets, sortir les poubelles... » Cela suppose, bien sûr, que chacun fasse un effort et se rende justement disponible. Il est parfois trop facile de dire que l'on n'a pas le temps ou que l'on a d'autres choses plus importantes à faire.

---

* Voir la note p. 112.

On se répartit aussi les enfants !

Très souvent, quand on parle de la répartition des tâches au sein du couple, on pense uniquement aux corvées domestiques : le linge, la vaisselle, les courses, la préparation des repas... Mais il est essentiel de ne pas oublier tout ce qui a trait aux enfants : aller les chercher à l'école, les inscrire ou réinscrire à leurs activités extrascolaires, les amener à leur cours de piano, de danse ou de judo, chez le médecin, l'orthophoniste ou le dentiste, payer les factures de cantine, organiser les anniversaires, superviser leurs devoirs, donner le biberon nocturne du petit dernier... Tâches qui, très souvent, sont sous la responsabilité de la maman sans que cela ait été explicitement et mutuellement décidé.

L'ASTUCE EN +

Dans la répartition de ces tâches purement « familiales », il paraît également indispensable de suivre les principes d'équité (plus que d'égalité) et d'interchangeabilité, comme expliqué ci-avant.

Prendre la responsabilité des tâches de A à Z

Participer vraiment aux tâches liées à la maison et à la famille, ce n'est pas seulement « faire » des choses : il faut aussi prévoir, organiser, anticiper ce qu'il faut faire. C'est un tout ! **Plus que la réalisation, il faut donc aussi partager la planification.**

Pour résoudre ce problème, Marie-Anne, elle, a trouvé une solution intéressante : que chacun prenne la responsabilité entière de certaines tâches, ce qui signifie gérer tous les stades de réalisation de la tâche, de son organisation et de sa planification à son exécution. Et cela semble fonctionner !

MARIE-ANNE, 42 ANS, 2 ENFANTS

« Pour alléger (un peu) ma charge mentale, j'ai demandé à mon compagnon de prendre en charge le dossier orthodontie des enfants. Je lui ai clairement dit que c'était à lui de s'en charger, de A à Z : choisir le bon moment pour commencer les soins, prendre les rendez-vous, les y amener… Je ne m'occupe de rien sur ce sujet. Alors oui, il y a eu des loupés : je trouve que les soins ont été commencés trop tôt chez l'un des enfants, certains rendez-vous ont été oubliés, il y a eu aussi des oublis de paiement… Mais on peut dire que cela a très bien fonctionné ! Je ne suis intervenue à aucun moment, puisque ce sujet n'était pas sous ma responsabilité. On n'a adopté cette méthode que sur ce sujet de l'orthodontie, mais je pense que je devrais déléguer un peu plus… »

Impliquez aussi vos enfants !

Confier certaines tâches, voire quelques responsabilités à ses enfants, c'est une bonne façon de se décharger et de s'alléger un peu l'esprit, mais c'est aussi un moyen de les rendre plus autonomes et de leur apprendre très tôt, surtout quand il s'agit de garçons, que ce n'est pas à la maman de tout gérer dans la maison !

Pour que cela se passe au mieux, voici quelques règles simples à suivre :

- **Respectez l'âge et les capacités de votre enfant.** Cela ne sert à rien de lui demander des choses qu'il est incapable de faire. Non seulement cela ne vous aidera pas (quel intérêt si vous devez superviser ou repasser derrière lui ?) mais, en plus, vous ne feriez que le décourager et le faire douter de lui-même.

- **Commencez le plus tôt possible, avec des tâches simples et faciles** (par exemple, dès 3 ans, mettre son linge sale dans le panier, ranger ses chaussures dans le placard de l'entrée, ranger ses jouets dans une caisse, etc.). De cette manière, sa participation à la bonne marche de la maison deviendra un automatisme et vous pourrez progressivement lui en demander un peu plus.
- **Montrez l'exemple !** Si vous demandez à vos enfants de faire leur lit le matin mais que vous-même ne faites pas le vôtre, cela ne peut pas fonctionner... Bien sûr, ce conseil s'adresse aux deux parents !
- **Ne lui en demandez pas trop...** Ce n'est pas parce que votre enfant est maintenant un ado que vous pouvez tout lui demander. Privilégiez les activités les plus importantes pour la vie de famille (mettre ou débarrasser la table, par exemple) et celles qui le concernent directement (plier ses tee-shirts propres). Essayez également de ne pas trop rentrer dans son intimité : n'exigez pas de lui, par exemple, que sa chambre soit toujours bien rangée, car c'est son univers à lui et il est important de le respecter.

- **Privilégiez la dimension plaisir** dans les tâches domestiques afin que cela ne devienne pas une corvée. Mettez de la musique, ajoutez des petits défis (réaliser la tâche en moins de 1 minute, trier tous les jouets rouges...). Et de votre côté (celui des deux parents !), n'oubliez pas de garder le sourire en les faisant. Évitez de vous plaindre à tout bout de champ : cela ne motivera personne, et surtout pas vous !
- **Évitez de répartir les tâches en vous basant sur le modèle traditionnel** (la lessive et le ménage pour les filles, le bricolage pour les garçons). Partez plutôt des goûts de chacun (rappelez-vous, l'équité plutôt que l'égalité – voir p. 112) : si votre fils aime plier les chaussettes et votre fille aider son papa à sortir la poubelle, laissez-les faire. Quant aux tâches quotidiennes, comme mettre la table, n'hésitez pas à instaurer un tour de rôle pour éviter tout ras-le-bol (le fameux principe d'interchangeabilité – voir p. 115).

L'ASTUCE EN +

Mettre en place un planning écrit, sous forme de tableau familial de répartition des tâches domestiques, peut se révéler salutaire pour éviter les disputes !

- **Si la tâche que vous lui avez confiée n'a pas été réalisée**, ne la faites pas à sa place. Idem si elle a été « mal » faite (de votre point de vue, d'ailleurs) : lâchez prise sur votre côté perfectionniste, vous ne vous en porterez que mieux et allégerez d'autant votre charge mentale.

Notez chaque progrès, chacun à son rythme

Dans les couples où la répartition des tâches est très inégalitaire, la situation ne va pas changer du jour au lendemain. Inutile, donc, de se fixer des objectifs impossibles à atteindre ! **Mieux vaut y aller progressivement, en mettant en place un ou deux changements à la fois, et en leur laissant le temps de s'installer, avant d'en instaurer de nouveaux.** Sans oublier de noter et de féliciter chaque petite progression ou amélioration (on en revient à l'importance de la gratitude — voir p. 105). Chacune est une petite victoire, comme le dit Jean-Claude Kaufmann*, et chaque victoire un poids en moins sur vos épaules.

---

* Voir la note p. 112.

SOYEZ VIGILANTS LORS DES « MOMENTS CHARNIÈRES »

Certains événements ou périodes, comme la naissance d'un enfant ou la rentrée des classes, sont particulièrement « à risque » pour l'alourdissement de votre charge mentale : parce qu'ils demandent plus d'organisation, de planification et de gestion que d'habitude, vous avez tendance à porter plus de responsabilités que de coutume.

Ces moments charnières sont justement **l'occasion de faire ou refaire un point ensemble et de se partager équitablement les nouvelles responsabilités...**

Poser de nouvelles règles à la naissance d'un enfant

Comme nous l'avons vu page 82, le passage au statut de parents change radicalement le mode de vie et l'organisation quotidienne du couple. Toutes les femmes qui témoignent dans ce livre le disent : c'est au moment de la naissance de leur premier enfant que la charge mentale a commencé à réellement peser lourd sur leurs épaules... Non seulement parce qu'il y avait davantage de responsabilités à assumer, mais en plus parce que celles-ci n'ont pas été équitablement réparties (voire pas réparties du tout !).

Voilà pourquoi il est important de ne pas rater ce moment clé en posant dès le départ des bases saines qui vous éviteront de vous laisser envahir :

- **Restez tournée vers l'extérieur !** Bien sûr, devenir maman change ses priorités et incite à se replier sur soi-même, sa vie de famille et son foyer. Mais il est important de ne pas faire une croix sur vos amis, vos sorties... bref, votre vie de femme. C'est essentiel pour votre épanouissement personnel, pour votre famille (comment espérer prendre soin des siens sans prendre soin de soi ?), mais aussi pour laisser de la place à votre homme, seul à la maison.

MARIE-ANNE, 42 ANS, 2 ENFANTS

« À la naissance des enfants, les femmes prennent le pas rapidement... Elles arrêtent de sortir le soir, par exemple. Inconsciemment, quelque chose se passe... Aujourd'hui, je fais l'effort de sortir régulièrement le soir en semaine. Cela me paraît très important de prendre du temps pour soi, de s'échapper un peu de cette routine. »

- **Pour s'occuper de vos enfants, ne laissez pas l'un des deux parents devenir plus « compétent » que l'autre**, mais impliquez-vous tous les deux. Par exemple, ne prenez pas sur vos épaules la responsabilité de la recherche du mode de garde ou celle des consultations de santé, car c'est un cercle vicieux : rapidement, c'est vous qui connaissez la directrice de la crèche, la nounou et le pédiatre, et qui communiquez avec eux ; c'est donc naturellement toujours à vous de gérer... Eh bien non ! Il est tout à fait possible de gérer cela à deux.

SABRINA, 35 ANS, 2 ENFANTS

« Mon compagnon a souvent l'impression que c'est plus facile pour moi de m'occuper de la gestion de certaines choses, par exemple de tout ce qui a trait à la nounou, de son planning à sa fiche de paie en passant par la planification de ses vacances ou les formalités auprès de l'Urssaf. Mais pourquoi c'est en apparence plus facile pour moi que pour lui ? Tout simplement parce que c'est moi qui gère tout cela depuis la naissance des enfants ! Du coup, je suis forcément devenue plus efficace que lui dans ce domaine... Alors oui, j'avoue, je préfère le faire moi-même car cela me prendrait trop de temps de lui expliquer comment tout cela fonctionne. »

L'INSTALLATION DU COUPLE, UN AUTRE MOMENT CHARNIÈRE

Si la naissance d'un enfant est souvent l'événement déclencheur, elle vient néanmoins couronner une période de vie commune durant laquelle de « mauvaises » habitudes ont pu être prises. Vous avez peut-être assumé la responsabilité des corvées administratives parce que votre partenaire « n'aimait pas la paperasse », n'était pas « assez organisé » ou n'avait « pas le temps ». Au début, cela ne vous pesait pas trop, mais au fil des ans, et surtout depuis la naissance de votre enfant, la charge mentale s'est immanquablement alourdie…

Si un partage équitable peut être mis en place dès l'installation du couple, la suite n'en sera que plus facilitée ; mais il n'est jamais trop tard pour y remédier, et mieux vaut mettre en œuvre, ensemble, des solutions pour répartir la charge mentale plutôt que ne rien faire jusqu'à ce que le couple implose par trop de rancœur et de non-dits.

- **Plus encore que la naissance de l'enfant proprement dite, le congé maternité est LE moment où tout se joue.** En effet, c'est pendant cette période de transition où les femmes restent à la maison qu'elles mettent en place la nouvelle organisation du foyer, la nouvelle répartition des tâches et des responsabilités consécutives à l'arrivée du bébé. Naturellement, mais aussi parce qu'elles n'ont pas vraiment d'autres solutions, elles commencent à assumer seules une grande part de l'organisation de la maison et de la vie familiale. N'oubliez pas que cela peut être le début du cercle vicieux. Aussi, dès le début, discutez-en avec votre compagnon afin qu'il prenne lui aussi sa part de responsabilités.

- **Faites confiance à votre homme !** Pendant le congé maternité, le père peut se sentir relégué au second plan derrière le bébé, rétrogradé au rang d'exécutant (ou de simple « colocataire »). Puisque vous assurez toute la journée toute seule avec votre nourrisson, il peut avoir tendance à prendre du recul. Surtout si vous lui faites comprendre que vous faites mieux que lui, avec des phrases du style : « *Laisse, je vais le faire* », ou alors : « *Non, ce n'est pas comme ça* ». Changer une couche ou enfiler un body n'était pas plus inné pour vous que pour lui, à la naissance de votre enfant ; vous avez vous-même appris par l'expérience et à force de répétition – et il y a sûrement eu des ratés, au début, avouez-le ! Alors laissez votre partenaire prendre lui-même ses marques, faire ses propres expériences et prendre progressivement confiance en lui. En revanche, n'hésitez pas à le remercier quand il s'implique et prend des initiatives — non parce qu'il « vous aide », mais parce qu'il assume sa part du travail et que chacun de vous mérite que cela soit reconnu. Tout cela l'encouragera — et l'encouragera à faire de même avec vous (voir p. 105).

L'ASTUCE EN +

Si vous avez raté le coche à la naissance de votre premier enfant, pas de panique : vous pouvez encore rattraper la situation à la naissance des suivants ! Ce sera certes plus difficile, mais ne baissez pas les bras pour autant. Car qui dit deuxième ou troisième enfant dit charge mentale encore plus lourde... C'est donc toujours une bonne occasion pour reparler de répartition des rôles et des responsabilités.

Remettre les règles à plat à chaque rentrée des classes

Autre moment charnière particulièrement important dans l'année : la rentrée des classes. En règle générale, **elle implique une nouvelle organisation (notamment au niveau des horaires), dans laquelle chaque membre de la famille se doit de prendre sa place**. Elle est aussi l'occasion d'effectuer une remise à plat des responsabilités afin de mieux les répartir.

Quelques jours avant la rentrée des classes, n'hésitez pas à organiser une grande réunion de famille, avec parents et enfants, pour faire ensemble le point sur l'organisation de l'année scolaire qui s'ouvre :

- **Établissez un grand tableau de l'emploi du temps de chacun**, avec les horaires des cours, des activités périscolaires, des impératifs hebdomadaires... Vous pourrez le compléter au fur et à mesure de l'année avec les obligations ponctuelles (rendez-vous médicaux, par exemple). Ainsi, plus personne ne pourra dire : « *Je ne savais pas que Tom avait son cours de piano le mercredi à 17 heures...* »
- **Déterminez tous ensemble une organisation qui convienne à chacun**, en fonction de

ses contraintes professionnelles et personnelles. Par exemple, vous pouvez convenir de la chose suivante avec votre partenaire : « *OK, j'emmène Tom à son cours de piano à 17 heures, mais le vendredi soir, c'est toi qui vas chercher les enfants, car j'ai mon cours de yoga.* »

- **Prenez en compte votre expérience passée,** ce qui fonctionne et ce qui ne fonctionne pas. Par exemple, vous savez très bien que votre partenaire oublie régulièrement les rendez-vous d'orthophoniste de l'aînée du mercredi soir. Inutile, donc, de lui confier cette tâche pour la nouvelle année. En revanche, s'il est plutôt doué pour anticiper les ruptures de stock des provisions, faire des courses économiques et s'il s'est découvert une passion pour la cuisine, il sera naturel que cette responsabilité lui revienne désormais (ce qui ne vous empêchera pas de le remplacer de temps à autre, et ce qui ne l'empêchera pas de vous libérer de la corvée « orthophoniste » par moments — n'oubliez pas les bienfaits de l'interchangeabilité, voir p. 115).
- **Répartissez les « gros » dossiers familiaux**, comme le suivi chez le kiné ou les vacances, par exemple (« *Tu t'occupes de toute*

l'organisation des vacances de la Toussaint, je m'occupe de celles de février »).

- **Impliquez aussi vos enfants, en fonction de leur âge** (voir aussi p. 118). Par exemple, cette année, c'est à votre fils de 7 ans de penser à mettre une tenue de sport le vendredi matin parce qu'il a cours d'éducation physique. Ce sera sa responsabilité, pas la vôtre (et croyez-moi, quand il l'aura oubliée une ou deux fois, les conséquences peu agréables qui s'ensuivront lui rafraîchiront naturellement la mémoire les fois suivantes !).
- **Simplifiez-vous le quotidien en vous débarrassant dès maintenant des choses inutiles qui polluent votre organisation.** Par exemple, faites le tri dans les vêtements des enfants (cela vous évitera de chercher la tenue adéquate pendant près de 20 minutes alors qu'il est déjà l'heure de partir à l'école), revendez ou recyclez les objets dont aucun de vous n'a besoin et qui vous encombrent (ce sera toujours ça de moins à ranger, et un espace plus clair est un espace plus facile à entretenir), libérez-vous de certaines tâches non vitales (vous n'avez pas besoin de tenir un stand de gâteaux à *chaque* kermesse de l'école pour être une bonne maman), lâchez prise quand ce n'est pas indispensable… Le salon

est en désordre ? la vaisselle n'est pas faite ? les vitres ne sont pas totalement propres ? Est-ce réellement primordial de le faire là, maintenant, dans la minute ?

- **Mettez en place une organisation simple mais efficace :** les sous-vêtements dans telle boîte, les pulls sur telle étagère, les gants et les bonnets dans l'entrée, les objets inutiles au rebut... Vos enfants et vous, parents, n'aurez plus qu'à piocher un vêtement dans chaque pile et trouverez facilement ce que vous cherchez. En outre, le rangement et le ménage en seront grandement facilités. Bien sûr, faites participer toute la famille à cette grande remise en ordre !

L'ASTUCE EN +

Il existe un très bon livre sur ce sujet : *La Magie du rangement*, de Marie Kondo (Pocket, 2016). Il sera un précieux allié pour vous débarrasser du superflu et ordonner votre maison de manière à vous simplifier la vie, et surtout à vous alléger l'esprit (et c'est bien ce que nous recherchons ici !). Un livre à faire lire aussi à votre partenaire et à vos enfants, bien évidemment.

- **Faites des points réguliers, au cours de l'année, sur ce qui fonctionne et ne fonctionne pas à la maison**, surtout peu après la rentrée scolaire, afin d'ajuster le programme de chacun et que tout le monde y trouve son compte... sans assumer plus de charge mentale que les autres !

Chapitre 3

Le changement vient aussi de vous-même

S'imaginer que la solution à la charge mentale repose entièrement sur les épaules de son conjoint est une illusion. D'abord parce que si vous pouvez inciter votre partenaire à *faire* des choses, vous ne pouvez pas l'obliger à y *penser*. Et ensuite parce que si votre partenaire ne veut pas assumer un peu plus de la charge mentale commune du foyer, cela veut-il dire qu'il n'y a pas de solution ? Non ! Vous ne pouvez pas changer les autres, mais vous pouvez vous changer, vous, et faire en sorte que cette charge mentale vous pèse moins au quotidien...

L'idée n'est absolument pas de vous faire culpabiliser en vous disant que tout cela est votre faute, mais de vous aider à mieux vivre avec cette situation qui, ne nous voilons pas la face, ne changera pas d'un simple claquement de doigts !

AVOUEZ QUE VOUS PENSEZ PARFOIS UN PEU TROP…

MARIE-ANNE, 42 ANS, 2 ENFANTS

« L'une de mes amies m'a dit un jour : "Moi, j'ai arrêté de me dire tout le temps qu'il faut que je pense à ci ou ça… et ça a marché." Effectivement, je pense qu'on passe souvent notre temps à "penser à y penser" (au fait qu'il faut organiser ceci ou cela), et cela nous prend beaucoup d'énergie ! Pourquoi ? Sûrement parce que nous ne nous faisons pas assez confiance… Le monde ne va pas s'écrouler si on ne pense pas à faire ceci ou cela. On a déjà la charge de faire les choses, ce n'est pas la peine de se rajouter la charge de penser à les faire ! »

Dites-vous que vous n'êtes pas la seule ! Toutes les femmes interrogées dans le cadre de ce livre l'avouent : **leur cerveau est constamment occupé par quelque chose**.

SOLENNE, 39 ANS, 5 ENFANTS

« Je pense en permanence à un milliard de trucs ! Je me couche le soir en pensant à plein de choses, je me lève le matin en y pensant encore... Je suis incapable de déconnecter ! C'est naturel, je pense que les femmes sont programmées comme ça. Quand mon mari est à son travail, il est à 100 % dedans. Moi, je n'arrive pas à déconnecter de la vie de la maison. Et comme, en plus, je ne suis pas vraiment organisée, cela devient parfois compliqué... »

Le fait de toujours penser est-il typiquement féminin ? Oui, si on en croit Susan Nolen-Hoeksema, spécialiste des ruminations et professeure de psychologie à l'université de Yale (États-Unis). En 1999, dans une étude menée sur 1 300 personnes, elle a mis en évidence le fait que 63 % des jeunes adultes et 52 % des quadras pouvaient être considérés comme des *overthinkers* (« hyperpenseurs »). Dans son livre intitulé

Pourquoi les femmes se prennent la tête ? (Marabout, 2013), elle affirme aussi que ce sont les femmes qui sont les plus concernées...

Cela serait-il inscrit dans nos gènes de femmes ? Ou est-ce le résultat d'une éducation qui ferait que l'on s'impliquerait trop sur le plan émotionnel, tandis que les hommes le seraient moins ? « Les femmes et les hommes ont une façon très différente de se définir par rapport au monde extérieur, explique Susan Nolen-Hoeksema. Leur image d'elles-mêmes est trop souvent fondée sur les opinions d'autrui. Elles [les femmes] décortiquent en permanence l'état de leurs relations et s'angoissent au moindre changement. À trop vouloir rendre les autres heureux, elles s'oublient. »

Alors comment faire pour penser moins... mais mieux ?

Apprenez à déconnecter !

Le fait de penser en permanence à quelque chose est en partie lié à l'hyperconnectivité permanente. Les e-mails, SMS, alertes, tweets et appels que nous recevons tout au long de la journée occupent constamment notre cerveau et nous empêchent de déconnecter. Ces moyens de communication modernes font aussi entrer la vie de la maison dans le travail : vous recevez par e-mail la facture de la cantine, et vous devez donc penser qu'il ne faut pas oublier de la payer (un poids de plus dans votre charge mentale). Vous recevez une alerte sur les promos dans votre supermarché, et vous pensez qu'il vous faudra songer à acheter le produit concerné.

Cela marche aussi dans l'autre sens : une fois rentrée à la maison, vous continuez à recevoir les messages de vos collègues et de votre chef, et donc à penser au travail.

Prenez l'habitude de vous déconnecter

Afin de bien comprendre la nécessité pour vous de déconnecter, prenez d'abord conscience de l'hyperconnectivité qui vous pollue au quotidien : sur une journée, comptez combien d'appels/SMS/e-mails, etc. liés à votre vie personnelle vous recevez au travail. Comptez ensuite combien d'appels/SMS/e-mails, etc. →

liés à votre vie professionnelle vous recevez à la maison.

Une fois que vous avez pris conscience de ce phénomène, faites l'effort de vous déconnecter :

› À la maison, laissez dans l'entrée, éteints, vos smartphones et ordinateurs de travail. Au travail, évitez de consulter vos e-mails personnels, désactivez les alertes qui peuvent attendre votre retour à la maison. Seules les vraies urgences comptent : programmez une sonnerie spécifique pour la crèche, la nounou ou l'école, par exemple ; ainsi, vous filtrerez plus facilement les appels et vous déchargerez d'une partie de votre charge mentale (tant que ce n'est pas la sonnerie d'urgence, inutile de vous en soucier).

› Il n'est pas simple de se déconnecter complètement du jour au lendemain. Pour y parvenir, vous devez y aller à votre rythme (si vous pensez toute la journée au fait que ne pas être joignable vous angoisse, la charge mentale sera identique...). Commencez par vous déconnecter (à la maison et/ou au travail) durant 1 heure par jour. Puis, quand vous serez à l'aise avec cette nouvelle habitude, vous pourrez étendre à 2 heures, puis 3 heures, puis une demi-journée, puis une journée entière.

› Lâchez prise ! Comprenez (et admettez) que vous n'êtes pas indispensable, et que c'est tant mieux ! N'hésitez pas à mettre en œuvre des outils pour vous détendre et accepter plus sereinement l'idée de ne plus tout assumer 24 heures/24 : yoga, méditation, balade, activité sportive qui vide l'esprit, sortie entre amis… Tous les moyens sont bons pour penser à autre chose — ou ne plus penser tout court !

Une to do list *à la rescousse*

La solution peut paraître classique mais n'en demeure pas moins très efficace ! En posant sur le papier des choses que vous avez à faire ou à penser, **vous libérez un peu d'espace dans votre cerveau puisque vous n'avez plus besoin de « penser à y penser », et vous allégez ainsi votre charge mentale.**

L'ASTUCE EN +

Attention : l'objectif n'est pas forcément de tout faire ! Dans un deuxième temps, il vous faut donc faire la part des choses entre les tâches →

vraiment indispensables et les tâches annexes, que vous pourrez réaliser plus tard (ou ne pas réaliser du tout). Bref, faites le tri. Vous n'êtes pas *obligée* de cuisiner un gâteau maison pour tous les quatre-heures de vos enfants, chaque jour de la semaine. Il n'est pas vital, non plus, que vous envoyiez des cartes de bonne année à l'ensemble de la famille et de la belle-famille — ou bien elles peuvent attendre quinze jours supplémentaires.

MARIE-ANNE, 42 ANS, 2 ENFANTS

« Le mois de juin est traditionnellement très chargé pour moi. Entre l'organisation de la fête de l'école (je suis aussi très active dans l'association des parents d'élèves), des spectacles de fin d'année et des vacances, la réinscription aux activités extrascolaires, le travail, qui m'occupe aussi beaucoup mentalement, je ne m'en sortais plus ! Ajoutez à cela la fatigue de la fin de l'année… J'ai alors décidé de faire une liste de tout ce que je faisais et de ce que j'avais à penser dans un tableau Excel… Je me suis arrêtée à 80 lignes ! Et je me suis alors rendu compte que je pouvais peut-être alléger certaines choses… »

Planifiez sur papier !

Chaque dimanche soir, dressez par écrit la liste des choses que vous avez à gérer pour la semaine à venir. Penser à regrouper vos tâches : administratif, activités des enfants, santé, relations sociales (dîner entre amis à organiser...), courses, etc.
Adoptez une légende (symboles, code couleur...) pour distinguer les tâches à effectuer absolument et sans délai, celles qui sont importantes mais qui peuvent être reportées, et celles qui ne réclament aucun délai et que vous pourrez aisément remettre à beaucoup plus tard.
Cela vous permettra de voir plus rapidement les choses les plus importantes à vos yeux. Peut-être que tout ce qui a trait à la santé (la vôtre ou celle de vos proches) passe en priorité ?
Puis, la semaine suivante, reportez sur votre nouvelle liste ce que vous n'avez pas fait la semaine passée, en respectant la même légende ; ainsi, vous verrez au premier coup d'œil ce que vous pouvez reporter encore et encore sans que cela ne soit dommageable.
C'est le principe du Bullet Journal© : un carnet de planification qui permet de se libérer l'esprit et d'organiser son emploi du temps quotidien,

→

hebdomadaire, mensuel et annuel de manière claire, efficace et sereine.
Si vous souhaitez en savoir plus sur cet outil et découvrir un mode d'emploi complet pour commencer votre Bullet Journal©, rendez-vous sur le site : http://www.lavieenplusjoli.com/le-bullet-journal-mode-demploi/
Enfin, encouragez votre partenaire à établir sa propre liste de choses à faire pour la semaine, une bonne manière de l'inciter à assumer sa part de la charge mentale de la famille !

HALTE À LA PENSÉE EN ARBORESCENCE

Pourquoi la charge mentale nous épuise tellement ? Ce n'est pas tant parce qu'il y a beaucoup de choses à penser que parce qu'il faut penser à *tout en même temps* ! C'est ce que l'on appelle une pensée « en arborescence ».
Le fait de faire une liste peut vous aider à lâcher toutes vos pensées parasites. Vous n'avez pas à y penser : comme elles sont écrites noir sur blanc, il n'y a aucun risque que vous les oubliiez. Cela peut aussi vous permettre de mieux vous concentrer sur ce que vous gérez sur le moment, sans vous dire en parallèle que vous devez aussi

réfléchir à ci, organiser ça, et aussi prévoir ceci, et ne pas oublier cela... Plus vous serez concentrée sur ce que vous faites, mieux et plus rapidement vous le ferez, ce qui vous dégagera du temps pour faire autre chose ou... ne rien faire du tout (c'est tout aussi essentiel !).

LÂCHEZ DU LEST !

Vous dire, à vous, de lâcher du lest, alors que vous avez la conviction que, sans vous, tout va s'écrouler ? Une gageure, rétorquerez-vous ! Il existe pourtant des solutions pour y parvenir...

Mettez en valeur vos autres facettes

La première étape consiste à accepter que **ce qui vous définit, ce n'est pas votre rôle de « planificatrice du foyer »**. En effet, malgré les apparences, le fait de toujours penser à tout vous arrange peut-être aussi un petit peu... De cette manière, vous pensez que vous êtes indispensable dans la famille, que vous y avez votre rôle. Si vous n'étiez pas là, personne ne pourrait assurer à votre place ! C'est épuisant, mais aussi assez gratifiant, non ?

SOLENNE, 39 ANS, 5 ENFANTS

« Parfois, j'ai le sentiment d'être indispensable à la bonne marche de la maison. J'ai l'impression que, sans moi, tout va s'écrouler... »

Mais dans la réalité, êtes-vous vraiment certaine que, si vous ne faisiez pas tout ce que vous faites, vos enfants et votre mari seraient plus malheureux ? Que l'organisation de votre foyer exploserait complètement ? Ne ressentez-vous pas une petite satisfaction personnelle en vous disant que si tout roule aussi bien, c'est grâce à vous ?

Quels bénéfices en retirez-vous ?

Posez-vous les questions suivantes :

› Si vous ne deviez pas penser à tout en permanence, que ressentiriez-vous ? Un vide, un soulagement, une plus grande liberté, de l'angoisse ?

› Si vous déléguiez une partie de vos tâches à quelqu'un d'autre, que ressentiriez-vous ? Du soulagement, de la culpabilité, de l'angoisse, de la dévalorisation ?
› Est-ce que le fait de vous définir comme la grande planificatrice de la maison vous rassure ? vous satisfait ? vous comble ?

Afin de vous libérer de cette pensée qui vous enchaîne à votre rôle, n'oubliez pas que **vous n'êtes pas qu'une organisatrice : vous êtes aussi une compagne, une amante, une amie, une mère, une femme, un individu à part entière...** Accordez la même importance à ces différentes facettes de vous-même. En pratique, profitez de soirées en tête à tête avec votre compagnon, sortez avec des amis, passez du bon temps avec vos enfants (sans penser au fait que l'aîné n'a pas fini ses devoirs ou qu'il faut prendre un rendez-vous chez le dentiste pour le petit dernier), prenez du temps pour vous seule... **Plus vous accorderez de valeur à ces autres parties qui vous constituent, moins vous attacherez d'importance au fait d'être l'organisatrice en chef de la maison.**

Soyez présente à chaque instant

Pendant ces moments partagés, dites-vous simplement : « *Durant les deux prochaines heures, je suis à 100 % avec mon compagnon/mes amis/mes enfants/moi-même. Mon esprit est totalement avec eux, ici et maintenant. J'oublie tout le reste. Je suis là parce que j'ai choisi de l'être et je savoure ce moment en pleine conscience.* »

DES BIENFAITS DE LA PLEINE CONSCIENCE

Grâce à l'exercice ci-dessus, vous pratiquez la pleine conscience : vous vous focalisez sur le moment présent, vous ramenez votre attention sur l'instant que vous êtes en train de vivre, sans vous projeter dans le futur ni revenir sur le passé. Appréciez les sensations et émotions qui se présentent à vous, ici et maintenant, sans les juger, sans même chercher à retenir les sensations agréables ou à faire disparaître les sensations désagréables. Accueillez ce qui vient avec bienveillance, en ramenant votre attention à l'instant présent chaque fois qu'une pensée parasite surgit, sans vous blâmer. Petit à petit, vous saurez de plus en plus facilement vous déconnecter de votre charge mentale, et vous connecter à ce que vous vivez, là, maintenant, tout de suite.

Osez être imparfaite !

De nos jours, comme nous l'avons vu page 46, la pression qui pèse sur les femmes est énorme : il faut être parfaite en tout, à la maison, dans son couple, dans son travail, avec ses enfants... **Le problème, c'est que c'est impossible**, tout simplement parce que nous ne sommes pas des *superwomen* ni des robots. Non seulement c'est une **source majeure d'épuisement et de frustrations** (puisque votre objectif est inatteignable !), mais en outre, si vous faites tout à la perfection (en faisant comme si ça vous était naturel et facile), vous risquez de devenir trop compétente aux yeux de votre partenaire, qui pourrait alors se décharger encore un peu plus sur vous (« *Tu y arrives tellement bien que je te laisse gérer* ») !

BARBARA, 30 ANS, 1 ENFANT

« Je pense qu'aujourd'hui, les femmes ont le syndrome de la bonne élève. Il faut que tout soit toujours à 100 % parfait. Il faut assurer dans tous les domaines… Au travail, on croule sous une surdose d'informations, d'e-mails et de tchats à gérer en permanence. À la maison, on veut le meilleur pour ses enfants, ce qui ne fait qu'ajouter une pression supplémentaire. Il faut aussi assurer dans son couple, et en plus il faut être épanouie. On se place la barre vraiment très haut ! Personnellement, je ne sais pas cuisiner, et pourtant je me donne le devoir de faire à manger… Parfois, je devrais juste dire “non”, mais je ne sais pas le faire. »

Comment faire, donc, pour arrêter de se mettre la pression ?

- **Demandez-vous d'abord pourquoi vous voulez toujours assurer en tout, partout et tout le temps.** En effet, être perfectionniste n'est pas un défaut. Le problème, c'est la raison pour laquelle vous l'êtes. Très souvent, c'est parce que vous n'avez pas confiance en vous, parce que vous avez peur du regard des autres, de ce qu'ils pourraient dire, parce que vous craignez de ne plus être aimée si vous montrez des faiblesses ou des défauts, si vous ne faites pas ce que vous croyez que les autres attendent de vous... Connaître l'origine de votre souci du perfectionnisme peut vous aider à avancer dans le bon sens.

L'ASTUCE EN +

N'hésitez pas, pour cela, à vous faire aider par un professionnel, comme un psychothérapeute, un praticien EFT ou EMDR, un kinésiologue, un hypnothérapeute, etc. Il n'est pas toujours aisé de retrouver l'origine de nos comportements, englués que nous sommes dans nos émotions et notre passé. La parole et le regard objectifs et non impliqués d'une personne extérieure vous aideront certainement à y voir plus clair.

- **Arrêtez de vous comparer aux autres.** Vous pouvez avoir l'impression que les autres femmes, elles, assurent en tout et sont parfaites. Mais en êtes-vous certaine ? La plupart d'entre elles sont sûrement comme vous : elles hésitent à reconnaître et à montrer leurs failles, et vous renvoient une image idéalisée d'elles-mêmes. Dans la réalité, elles ont les mêmes problématiques que vous. Vous vous en êtes sûrement rendu compte si vous avez déjà abordé le sujet de la charge mentale avec des amies : lesquelles ne se sentent pas concernées par le sujet ? Et, de toute façon, chacun est unique, avec son vécu, son éducation, ses expériences, ses peurs. Chacun a ses forces et ses faiblesses ; inutile, donc, de vouloir ressembler à la voisine, dont les propres faiblesses sont peut-être vos forces.

- **Faites le point sur vos défauts... mais aussi vos qualités.** Vous le savez très bien : tous les êtres humains ont des défauts et des limites, et c'est cela qui les rend humains. C'est pareil pour vous, alors arrêtez de vous montrer trop exigeante avec vous-même. Vous êtes nulle en cuisine ? Inutile de culpabiliser ! Apprenez plutôt à accepter vos limites. Dans le même temps, efforcez-vous de reconnaître vos points forts, vos qualités, vos talents. Ce n'est pas de l'orgueil mal placé, mais plutôt une excellente façon de savoir qui vous êtes vraiment afin de vous accepter telle que vous êtes, avec vos forces et vos faiblesses, et de miser sur ce que vous savez et aimez *réellement* faire.

SOLENNE, 39 ANS, 5 ENFANTS

« Un jour, mon psy m'a dit : ce que vous pouvez faire de mieux pour vos enfants, c'est de ne pas être une supermaman. »

- **Demandez-vous quelles sont vraiment vos priorités**, quelles sont les choses dont vous avez vraiment envie et que vous appréciez vraiment, et/ou qui sont réellement indispensables pour vous. Vous aimez que votre maison soit bien rangée, que le dîner soit entièrement *home made*... Mais cela est-il aussi important qu'une grande balade en forêt avec vos enfants, ou que du temps passé en amoureux avec votre compagnon, ou qu'un moment où vous prenez soin de vous et vous ressourcez ? De manière générale, concentrez-vous sur ce qui vous rend vraiment heureuse. Vous pourrez ranger votre maison ou cuisiner un autre jour, mais une fois que vos enfants seront devenus grands, par exemple, il sera trop tard pour profiter de ces moments-là avec eux...
- **Arrêtez de faire les choses à la place des autres !** Souvent, c'est votre côté perfectionniste qui vous pousse à évincer votre partenaire de certaines tâches : vous pensez que ce sera mieux fait si c'est vous qui le faites. Mais en êtes-vous vraiment sûre ? Après tout, ce n'est jamais que votre point de vue...

BÉRANGÈRE, 43 ANS, 3 ENFANTS

« Je me suis rendu compte que, parfois, je faisais des choses à la place de mon mari car je pensais faire mieux que lui. Le plus difficile pour nous, en tant que femmes, c'est de lâcher prise ! Je crois que nous ne sommes pas prêtes pour ça. Peut-être avons-nous été conditionnées petites par nos mères... »

Ralentissez...

Pour penser moins, il faut aussi *faire moins*, c'est-à-dire ralentir votre rythme de vie. Si vous avez toujours en tête la liste des choses à faire, c'est parce que votre vie va à 100 à l'heure. Et pas l'inverse ! Si vous preniez le temps de faire les choses en pleine conscience (voir p. 146), de profiter de petits moments de répit dans la journée, votre cerveau serait moins encombré et, surtout, serait plus performant pour traiter les tâches que vous devez effectuer, « sans vous prendre la tête ».

Ralentir... cela peut vous sembler un défi insurmontable. L'idée n'est pas de passer de 100 à 50 à l'heure en une journée, mais de freiner petit à petit, en intégrant chaque jour un petit réflexe tout simple. En voici quelques-uns...

- **Arrêtez de croire que vous allez pouvoir réaliser telle ou telle mission en 10 minutes chrono.** Car toute tâche demande toujours plus de temps que ce que vous pensez – c'est la loi de Hofstadter, ou loi de glissement de planning, selon laquelle « il faut toujours plus de temps que prévu ». Si prévoir le temps que cela prendra vous rassure, multipliez toujours par deux ce temps que vous avez déterminé. Ainsi, vous serez sûre d'exécuter la tâche dans les délais impartis. Et si jamais il vous reste du temps libre, vous pourrez le consacrer à tout autre chose... Pas à la réalisation d'une autre tâche, bien sûr, mais à votre bien-être !
- **À chaque tâche accomplie** (ou série de tâches, ou en fin de journée), **accordez-vous une récompense**, par exemple une pause rien que pour vous, un petit cadeau... Personne ne viendra vous féliciter pour ce que vous faites, ou du moins jamais aussi bien que vous, alors chouchoutez-vous et dites-vous merci à vous-même !
- **Efforcez-vous d'être plus attentive à vos sensations corporelles.** Votre corps vous envoie des messages pour vous permettre d'identifier votre état à un instant donné et les besoins que vous avez à satisfaire. Écoutez

ce qu'il a à vous dire : c'est le meilleur moyen pour ne pas surestimer vos forces et pour éviter le burn-out.

Apprenez à écouter votre corps

Pour cela, utilisez un pense-bête (un sticker collé sur votre téléphone, un grigri dans votre sac à main…) : chaque fois que vous le voyez, efforcez-vous de vous focaliser pendant 1 minute sur vos ressentis du moment (odeurs, sensations corporelles, respiration, fatigue, maux divers, tremblements, etc.).

Au bout de quelques jours d'entraînement, cela deviendra une habitude pour votre cerveau, qui prendra de lui-même l'initiative d'exécuter ces petites pauses régulières. C'est aussi une forme de pleine conscience (voir p. 146), salutaire pour votre bien-être, que vous pouvez pratiquer à tout moment de la journée, par exemple en mangeant (soyez attentive à la texture des aliments, à leur saveur et leur odeur, aux sensations dans votre bouche…) ou en prenant votre douche (la température de l'eau, son contact sur votre peau, le bruit du ruissellement, la détente de votre corps, etc.).

- **Pratiquez la relaxation et la méditation.** C'est prouvé : ces pratiques ralentissent la sécrétion de cortisol, l'hormone du stress. Vous pouvez, par exemple, réaliser le petit exercice ci-après... Quelques minutes par jour suffisent pour en ressentir les bénéfices dans votre vie quotidienne. Plus attentive à vos sensations et au monde qui vous entoure, vous ralentirez naturellement votre rythme et en sortirez plus calme, plus sereine, mieux dans votre tête et dans votre corps... Et il est possible que vous ressentiez moins, par la suite, le besoin vital de tout planifier et tout organiser à 100 à l'heure.

PETIT EXERCICE SIMPLE POUR DÉBUTER LA MÉDITATION

› Asseyez-vous confortablement, au calme, sans rien qui puisse vous déranger (isolez-vous et déconnectez votre smartphone). Posez vos mains sur vos cuisses. Fermez les yeux si vous le désirez. Respirez calmement, naturellement, sans chercher à modifier votre respiration.

› Focalisez-vous sur votre respiration : prenez conscience du parcours de l'air à l'intérieur de votre corps. À l'inspiration, sentez l'air froid qui

→

pénètre dans votre organisme, sentez votre poitrine qui se soulève. À l'expiration, laissez l'air s'échapper, sentez sa chaleur apaisante, visualisez-le en train de sortir de votre corps.

❯ Ressentez aussi les battements de votre cœur. Observez comment ils se coordonnent avec votre respiration. Observez-les eux aussi, voyez comment le rythme de votre respiration influe sur eux. Restez attentive à toutes ces sensations pendant quelques minutes.

❯ Si d'autres pensées vous traversent l'esprit, laissez-les passer et ramenez tranquillement votre attention sur votre respiration, sans vous juger.

L'ASTUCE EN +

Les premiers temps, il peut être difficile, voire anxiogène pour certaines personnes, de rester ainsi à se concentrer sur sa respiration, sans penser à « tout le reste », sans rien faire de « productif » (alors que ce temps de calme et de pleine conscience nous rend justement, par la suite, plus attentifs au présent, donc plus efficaces). Ce n'est qu'une question d'habitude et il vous sera de plus en plus facile de pratiquer au fur et à mesure que vous vous exercerez.

Mais pour vous y aider, au début, des vidéos YouTube peuvent vous guider en vous focalisant pleinement sur votre respiration. Pour cela, rendez-vous sur www.youtube.com, puis tapez « cohérence cardiaque » dans le champ de recherche du site.

- **Trouvez une activité qui vous « vide la tête » et vous aide à décélérer et à profiter vraiment du temps qui passe.** Il peut s'agir du yoga, de la lecture, du jardinage, de la boxe, de la peinture, de la musique, d'un jeu ou d'une promenade avec vos enfants, d'un câlin avec votre compagnon... Même si vous ne la pratiquez que quelques minutes par jour, c'est déjà une pause bénéfique.
- Autre technique à tester : celle de la **micro-sieste, qui vous permet de faire une vraie pause et de recharger vos batteries.** Elle s'apparente aussi beaucoup aux techniques de méditation en pleine conscience. Dans votre programme surchargé, et dans votre environnement de travail, vous pensez que c'est un luxe inaccessible ? Détrompez-vous ! Vous pouvez en effet pratiquer la micro-sieste partout et tout le temps, même au bureau ! Quelques minutes suffisent...

MICRO-SIESTE, MODE D'EMPLOI

› Asseyez-vous confortablement, dans un endroit calme et tranquille (si vous êtes en *open space*, rendez-vous aux toilettes !). Vous pouvez bien sûr faire le même exercice en étant allongée, si vous en avez la possibilité.

› Détendez-vous et fermez les yeux.

› Respirez lentement et profondément : gonflez le ventre à l'inspiration, dégonflez-le à l'expiration.

› Laissez-vous aller, concentrez-vous sur vos sensations corporelles et ne pensez à rien qu'à ce que vous êtes en train de faire. Restez ainsi durant 5 minutes.

Si vous avez peur de vous endormir pour de bon et de ne pas vous réveiller à temps, programmez la sonnerie de votre smartphone sur 5 minutes !

3

PARTICIPEZ À L'ÉVOLUTION DES MENTALITÉS

Effectuer des changements dans son organisation familiale et faire un travail sur soi-même pour moins se mettre la pression sont des points essentiels pour alléger sa charge mentale. Mais les racines du mal sont plus profondes. Le problème – et donc ses solutions – dépasse le seul cadre du couple ou de l'individu. Si nous, en tant que femmes, prenons naturellement la responsabilité de la gestion du foyer à la naissance d'un enfant, et même bien avant, et si les hommes s'en remettent à nous, c'est parce que la société nous a appris à le faire selon un modèle qui ne date pas d'hier. Modèle qui est encore entretenu aujourd'hui par l'éducation que l'on donne, souvent inconsciemment, à nos enfants.

Faire évoluer les mentalités est donc incontournable si l'on veut que les choses changent vraiment et que les générations de femmes après nous se libèrent pleinement de ce poids. Certes, cela prendra du temps, mais c'est un travail nécessaire pour que, à l'avenir, l'égalité hommes-femmes devienne enfin une réalité !

Chapitre 1

Halte aux idées reçues !

La mise en lumière de la notion de charge mentale a eu le mérite de mettre sur la table ce sujet et d'en discuter avec les seconds concernés après les femmes : les hommes. Elle a aussi été l'occasion de découvrir leur vision des choses. Si certains avouent se reposer parfois un peu trop sur les épaules de leur compagne, d'autres en revanche s'arment de réponses toutes faites qui témoignent de l'ampleur des stéréotypes et des idées reçues sur le sujet.

Pour faire évoluer les mentalités, il est essentiel de savoir y répondre de manière claire et objective. C'est votre mission !

L'ASTUCE EN +

N'hésitez pas à laisser traîner ce livre sur la table du salon ou au chevet de votre homme, en lui indiquant qu'un chapitre — celui-ci, notamment — lui est destiné...

« C'est plus facile pour les femmes ! Leur cerveau, contrairement à celui des hommes, est capable de gérer plusieurs choses en même temps... »

Variante : « Les hommes sont monotâche ; les femmes, multitâches. »

L'idée que les femmes seraient plus « multi-tâches » que les hommes, et donc que cela leur serait plus facile, sur le plan physiologique, de faire plusieurs choses en même temps, est une idée couramment mise en avant. Autant par les hommes que par les femmes, d'ailleurs. Vous trouverez encore aujourd'hui et assez aisément des études scientifiques qui soutiennent cette affirmation mais également, tout aussi facilement, des travaux qui démontrent l'inverse... ou même que les hommes seraient meilleurs dans ce domaine. Alors, qui croire ?

En réalité, cette idée d'une différence entre les cerveaux masculin et féminin trouve son origine dans une étude menée dans les années 1980 sur 10 hommes et 10 femmes... décédés ! En analysant ces 20 cerveaux, les chercheurs ont constaté que le corps calleux (faisceau de fibres nerveuses qui relie les deux hémisphères cérébraux) était en moyenne plus développé chez la femme. Ils en ont alors conclu que les hémisphères du cerveau féminin communiquaient mieux entre eux, et donc que les femmes étaient plus aptes à mener deux tâches de front. Conclusion un peu rapide... et jamais prouvée sur le plan scientifique !

Dans les années 2000, des chercheurs de l'Inserm* ont, quant à eux, démontré que le cerveau ne sait traiter, en réalité, qu'une tâche à la fois, que l'on soit un homme ou une femme. Une troisième zone du cerveau, le lobe préfrontal, joue un rôle important dans la mise en mémoire des tâches. Pour faire simple, il permet au cerveau de mémoriser la tâche 2 lorsque la tâche 1 est traitée. Et inversement. Ce processus se déroule en quelques millisecondes seulement. Conclusion : même si vous

* Sylvain Charron et Etienne Koechlin, « Divided Representation of Concurrent Goals in the Human Frontal Lobes », *Science*, 2010.

avez l'impression que vous faites plein de choses en même temps, ce n'est pas vrai. Vous les faites simplement très rapidement l'une à la suite de l'autre.

Donc, mesdames, ne dites plus que vous savez faire plusieurs choses en même temps, mais que vous êtes très rapides (parce que vous savez que vous avez plein de choses à faire). Messieurs, ne dites plus que vous ne savez faire qu'une chose à la fois, mais plutôt que vous êtes un peu plus lents (parce que vous pensez sûrement n'avoir pas autant de choses à faire que votre femme !).

Par ailleurs, on sait aujourd'hui, grâce aux travaux de la neurobiologiste Catherine Vidal, qu'**il n'y a pas de différence dans l'organisation et le fonctionnement des cerveaux masculin et féminin. Tout est lié à l'apprentissage et à l'environnement.** Si les femmes savent faire plusieurs choses en même temps (ou plutôt si elles savent les faire très vite), c'est parce qu'elles ont *appris* à le faire. Avis à ces messieurs : le cerveau est capable d'apprendre à tout âge ! Avec un peu de bonne volonté, vous pouvez donc vous aussi devenir des pros du jonglage.

« Moi aussi, je fais beaucoup de choses à la maison : je lance les lessives, je sors les poubelles, je fais les courses... »
Variante : « Je fais partie de ces nouveaux pères : moi aussi, je donne le biberon à notre enfant ! »

Il est essentiel de ne pas confondre charge mentale et non-partage des tâches ménagères. Pour saisir ce qu'est vraiment la charge mentale, il faut bien **comprendre la différence entre *faire* les choses et *penser* à tout ce qu'il y a autour pour permettre leur réalisation.** Imaginez : vous voulez lancer une machine à laver (un bon point pour vous), mais il n'y a plus de lessive à mettre dedans parce que vous n'avez pas pensé à en racheter après avoir terminé le bidon. C'est ça, la charge mentale.

Quant à la définition du nouveau père, méditez un peu cette explication de la sociologue Michèle Ferrand* : « L'une de nos conclusions était que la domination masculine [...] s'exerçait dans le fait que les "nouveaux pères" choisissaient les territoires de la paternité. C'est-à-dire qu'ils donnaient le biberon mais ne le lavaient pas et ne savaient pas ce qu'il y avait dedans.

* Irène Jami et Patrick Simon, *De la paternité, de la maternité et du féminisme. Entretien avec Michèle Ferrand*, Mouvements, 2004.

Alors, l'un des critères pour savoir si un homme était, de notre point de vue, un nouveau père de nourrisson était de savoir quelle dose de lait il mettait dans le biberon : un "nouveau père" sur deux ne le savait pas... Cela veut dire qu'un nouveau père sur deux devait soit demander à la mère de préparer le biberon, soit lui redemander à chaque fois combien de dosettes il fallait y mettre. Un père m'avait dit : "Vous comprenez, ça change tout le temps !" » Alors, messieurs, vous êtes plutôt dans quel camp ?

« Tu le fais mieux que moi, alors je te laisse gérer »

Variante : « Les femmes sont plus douées que les hommes pour toutes ces choses-là. »

Encore une fois, il n'existe pas de prédisposition génétique permettant d'affirmer que les femmes sont plus douées que les hommes pour repasser les chemises (et les hommes plus doués que les femmes pour planter un clou). **Cela relève d'une construction sociale.** Si les femmes savent, dans les faits, mieux manier le fer à repasser, c'est parce qu'on leur a appris à le faire ! La société, d'ailleurs, entretient largement cette image en proposant des jouets ménagers aux petites filles et des établis de bricolage aux petits garçons.

Le constat est le même pour la charge émotionnelle. Il est courant de penser que les femmes sont mieux à même de consoler les enfants ou de se montrer empathiques avec les autres (d'où leur prédominance dans certains métiers, même si ce schéma tend à s'affaiblir – comme garde d'enfants ou infirmière). En réalité, la différence n'est pas du tout d'ordre physiologique ; c'est une pure construction fondée sur un stéréotype qui a la dent dure, largement entretenu par l'éducation, et que les femmes intègrent elles aussi ! La plupart des hommes entendent depuis tout petit que les femmes sont « naturellement » plus aptes à s'occuper de leur maison et à gérer les émotions des autres, et que les hommes ne le sont pas « naturellement ». Or, comme le maniement du fer à repasser, **c'est une compétence qui s'apprend.**

« Les femmes aiment bien tout gérer »

Variantes : « Oui, mais tu ne me laisses rien faire » ; « Oui, mais tu adores faire tout ça ! »

La charge mentale n'est pas quelque chose que les femmes assument par choix ou par goût,

mais plutôt par obligation. Si elles ne prennent pas en charge l'organisation, la planification du foyer, personne ne le fera à leur place. « Certains prétendront que les femmes préfèrent s'occuper de la famille ; je ne le crois pas. C'est toujours une charge mentale. [...] Si les femmes sont épaulées par un père présent, elles s'en libèrent* », explique la sociologue Michèle Ferrand.

Certes, certains hommes peuvent avoir l'impression que les femmes ne veulent pas déléguer, car elles se considèrent comme les responsables numéro 1 de leur foyer, mais n'oubliez pas qu'elles ont intégré ce modèle via leur éducation et l'image de la femme et de la mère que la société leur renvoie. Tout comme les hommes ont été « programmés », en quelque sorte, pour le penser... Or, comme le souligne Michèle Ferrand, « un modèle est construit à deux, en fonction, certes, de la place que la mère laisse au père, mais aussi en fonction de la place que demande le père ». **Chacun des deux a donc un pas à faire vers l'autre, et il faudra bien que l'on agisse tous ensemble de concert pour combattre des millénaires de construction des inégalités !**

---

* Voir la note p. 165.

« Ce n'est pas parce que tu y penses avant moi que la charge mentale, elle est pour toi »

Variante : « Tu ne m'as pas laissé le temps d'y penser ! »

Cette phrase mérite d'être remise dans son contexte... Un vendredi soir, madame énumère les multiples tâches à remplir le week-end (à la demande de monsieur qui, chaque fin de semaine, l'interroge : « *On a quelque chose de prévu, ce week-end ?* »). La liste est longue : emmener l'aînée au cours de piano, aller acheter des bottines pour les enfants, faire les courses pour le déjeuner de dimanche (parce que les parents de monsieur viennent déjeuner), ne pas oublier d'acheter des cadeaux pour les copines des filles car elles sont invitées à des anniversaires le week-end prochain. Madame pousse ensuite un long soupir : « *Ah, la charge mentale...* » Et voici donc la réponse cinglante qui lui est faite : « *Ce n'est pas parce que tu y penses avant moi que la charge mentale, elle est pour toi...* »

Mais, dans la réalité, qui dans le couple demande à l'autre ce qu'il y a de prévu ce week-end ? **Le simple fait que l'homme pose cette question à**

sa femme montre qu'il fait reposer la charge mentale sur ses épaules à elle.

Madame pourrait aussi répondre très simplement : « J'y pense avant toi, parce que tu me laisses le temps d'y penser. » Certes, monsieur a bien lancé la machine de linge, mais qui a vu la panière déborder pendant plus d'une semaine ? Monsieur est passé à l'action en constatant qu'il n'avait plus de vêtements propres pour lui-même, ce qui a laissé le temps à madame tout le temps nécessaire d'y penser... Au final, même si elle ne s'en est pas occupée dans les faits, la charge mentale de cette lessive est pour elle bien réelle et aussi lourde à porter, car génératrice d'inconfort, de stress, voire de tensions et de rancœur.

En somme, comme l'explique la journaliste Titiou Lecoq, « les hommes nettoient de façon curative, quand ça pue. Les femmes, elles, le font de manière préventive, pour éviter que ça pue* ».

C'est ce que nous vous expliquions plus haut : la charge mentale tient dans la différence entre faire les choses et penser à faire les choses, avec toute l'organisation que cela induit.

---

* Dans une interview d'Alice Maruani, « Titiou Lecoq : "Laisser moisir le linge sale, c'est aussi un acte politique" », *L'Obs*, 4 octobre 2017.

« Les femmes se mettent trop la pression »

Variantes : « Tu es trop maniaque » ; « Ton niveau d'exigence est trop élevé »

L'une des plus grandes différences entre les hommes et les femmes est que **les uns et les autres ne fixent pas les limites au même endroit**. Pour une femme, le fait qu'un panier à linge déborde (comme dans notre exemple ci-avant) ou qu'il n'y ait plus de légumes pour le repas de ce soir dans le réfrigérateur peut être un problème. Alors qu'il ne l'est pas forcément pour un homme. Encore une fois, c'est surtout une question d'éducation. D'où, parfois, certaines incompréhensions.

Or, les limites et les règles de vie communes se définissent ensemble, au sein du couple. Il est essentiel de dialoguer clairement à ce sujet afin que chacun y trouve son équilibre, et donc de faire quelques concessions parfois :

- **L'homme doit comprendre qu'il ne doit pas faire des efforts pour « faire plaisir à sa compagne » ni pour « l'aider », mais pour la bonne marche de la maison, donc pour le bien-être de toute la famille, le sien compris.** Si, par exemple, les repas de la semaine sont anticipés et planifiés chaque week-end, la famille aura réalisé de substantielles économies à la fin de l'année (plutôt qu'en faisant les courses au dernier moment, dans l'urgence, quand il n'y a plus rien dans les placards et sans avoir fait le point sur ce dont la famille a réellement besoin). Des économies qui pourront peut-être ensuite servir à financer de belles vacances ressourçantes pour tout le monde !

- **La femme doit apprendre, de son côté, à lâcher prise sur ce qui n'est pas vraiment indispensable, pour son bien-être à elle et, par extension, celui de sa famille.** Dans notre exemple, on peut aussi, certains week-ends, ne rien planifier du tout, mais plutôt prendre du temps pour se reposer ou partager des moments en famille qui seront bénéfiques à tout le monde. Car une famille reposée et soudée, c'est une famille où les tensions naissent plus difficilement.

Comme toujours, tout est question d'équilibre, le principal étant de ne pas faire reposer tout le poids de cet équilibre sur la femme seule.

« Y a pas plus urgent, comme combat féministe ? »

Variante : « Tu ne crois pas que l'égalité des salaires hommes-femmes, c'est plus important ? »

Sachez que tout est lié ! Si les femmes doivent assumer la charge mentale, c'est parce qu'on leur assigne encore et toujours, malgré les évolutions de la société, la responsabilité de leur foyer. Si elles sont moins payées en moyenne que les hommes, c'est aussi parce qu'on pense que leur travail à l'extérieur est moins important. Et que, par conséquent, elles « compensent » en en faisant plus ou moins à la maison. **La charge mentale est à la fois une cause et une conséquence, un maillon de la chaîne dans ce vaste sujet.** Car « la charge mentale est le fruit d'un sexisme que l'on appelle structurel, et qui est inconscient* ». C'est en faisant des progrès dans chacun de ces domaines que l'on pourra vraiment faire reculer les inégalités homme-femme. Et c'est loin d'être un point de détail.

* Yacha Hajzler, « "Charge mentale" : quatre réponses à vos amis qui assurent qu'ils partagent les tâches ménagères », Franceinfo, publié le 19 mai 2017.

Chapitre 2

Miser sur les générations futures

Pour que les choses changent vraiment, il faut aussi agir sur le long terme, en pensant aux générations de femmes et d'hommes qui viendront après nous. Si nous voulons que nos filles et petites-filles ne croulent pas elles aussi sous le poids de ce fardeau, il est important de réfléchir à la manière dont nous élevons notre progéniture...

ÉLEVER SES ENFANTS HORS DES SCHÉMAS TRADITIONNELS

Vous l'avez compris : il est impossible de faire disparaître en un claquement de doigts des siècles de stéréotypes. Mais il est en revanche possible d'agir pour les générations futures. Certes, comme le disait l'anthropologue Françoise Héritier, « il est plus facile de transmettre ce qui a été transmis que de remettre en question et changer notre mode d'éducation* », mais ce n'est pas impossible. À condition d'avoir compris ce qui se joue dans la charge mentale.

BÉRANGÈRE, 43 ANS, 3 ENFANTS

« Ma mission pour cette année scolaire, c'est de ne pas charger ma fille. Même moi, en tant que mère de trois enfants avec une grande fille et deux garçons plus jeunes, je me rends compte que mon réflexe va directement sur elle. Elle est un prolongement de moi et j'ai bien remarqué que je lui en demande plus qu'à mes garçons. Alors j'ai décidé d'apprendre à cuisiner à mes fils. Et je les charge de missions simples : mettre en route la machine à laver, passer l'aspirateur… mais aussi

* Entretien accordé à *Sciences et avenir*, juin 2009.

remplir les formulaires de l'école ou d'inscription à une activité. Ils n'auront pas l'excuse de ne pas savoir faire ! »

Trop souvent, en effet, les hommes sont déresponsabilisés par leur mère, qui fait tout à leur place ou délègue sur sa ou ses filles en contrepartie. Résultats : **les hommes sont comme infantilisés et reproduisent, une fois devenus adultes, ce même schéma dans leur couple, en se déchargeant de nombreuses responsabilités sur leur épouse**. « Avant, une femme passait directement de l'autorité du père à la domination du mari. Elle restait mineure à vie. Aujourd'hui, c'est l'homme qui, après avoir été couvé par sa mère, se laisse docilement prendre en charge par sa compagne », affirme le journaliste Eric Aeschimann dans un article de *L'Obs**.

Or, pour faire de son fils un « héros moderne », comme les nomme le sociologue Jean-Claude Kaufmann, le rôle de la mère est essentiel. Ces héros modernes, « ce sont des hommes qui ont appris dans leur enfance, souvent avec leur mère, à cuisiner, repasser ou encore faire le

* Emmanuelle Anizon, « Un homme, une femme... et une charge mentale », *L'Obs*, 20 juillet 2017.

ménage ». Mais entendons-nous bien : si le rôle de la mère est essentiel, ce n'est pas parce que la fonction éducative relèverait de sa seule responsabilité, mais parce que ce sont les femmes qui sont les plus familières avec la charge mentale. Le but étant bien sûr que, peu à peu, les hommes prennent leur part et la transmettent à leur tour à leurs enfants.

Pour donner aux hommes l'envie d'en faire plus, il faut aussi leur donner les clés pour le faire. Dans un sens comme dans l'autre, il faut accepter que les choses changent. De nombreux hommes veulent bien faire, il est important de le reconnaître. S'ils posent la question à leur compagne de ce qu'il faut acheter pour le repas du soir ou sur le fait qu'il faille lancer une machine ou non, c'est parce qu'ils ont intégré l'idée qu'il faut que cela soit fait selon ce que leur compagne a décidé. **En les élevant dans l'idée qu'ils peuvent aussi assumer des responsabilités domestiques, ils en prendront plus naturellement l'initiative.**

EN FINIR AVEC L'ÉDUCATION SEXISTE

Casser le cercle vicieux de la déresponsabilisation des hommes implique aussi d'en finir avec l'éducation sexiste que l'on donne aux enfants. Sur ce point la société évolue... lentement ! Certaines marques proposent aujourd'hui des gammes de vêtements unisexes. Et les magasins de jouets qui, au moment des fêtes, mettent en place un rayon filles et un rayon garçons (ils sont encore très nombreux) commencent à être montrés du doigt. Ce sont des avancées positives, mais il y a encore beaucoup à faire !

En juin 2017, un article du *New York Times* titrait : « How to Raise a Feminist Son » (« Comment élever son fils pour qu'il devienne féministe »). Il proposait une dizaine de pistes concrètes et très pratiques à adopter quand on est parent d'un petit garçon. En voici quelques-unes, complétées de conseils qui s'adressent aussi aux mamans de petites filles. Car il ne faut pas oublier que les filles, elles aussi, intègrent très tôt l'idée qu'elles sont différentes des garçons, plus faibles, plus responsables des autres, plus responsables du foyer...

- **Encouragez vos enfants, filles et garçons, à jouer avec des enfants de l'autre sexe.** Une étude américaine* a ainsi montré que cela permettait à chacun d'éviter de tomber dans les comportements stéréotypés (agressivité chez les garçons, empathie chez les filles par exemple). Plus simplement, cela permet aussi à chacun de connaître l'autre et de mettre en valeur ses points communs plutôt que ses différences !
- **Choisissez bien les jouets que vous leur achetez !** Non, ce n'est pas « naturel » d'offrir un mini-aspirateur ou une poupée à une petite fille, pas plus que d'acheter une boîte à outils ou une voiture à un petit garçon... Même si les fabricants de jouets veulent vous le faire croire, et si certains magasins de jouets continuent de proposer un rayon garçons et un rayon filles. Heureusement, depuis quelques années, cette sexualisation des jouets est de plus en plus dénoncée. Alors n'hésitez pas à contrer les stéréotypes : proposez des petites voitures bleues et rouges à vos filles et des poupées roses à vos petits garçons ! Sans aller dans l'extrême inverse

* C. L. Martin et R. A. Fabes, « The Stability and Consequences of Young Children's Same-Sex Peer Interactions », *Developmental Psychology*, 2001.

non plus : les filles ont toujours le loisir d'aimer les princesses et les garçons peuvent s'amuser avec des super-héros ; en fait, il s'agit simplement de les laisser libres de définir leurs goûts hors de toute « norme » imposée par la société.

MARJOLAINE, 33 ANS, 2 ENFANTS

« L'an dernier, à Noël, dans un rayon orienté "garçons", j'ai eu la surprise de découvrir un jouet de cuisine. Mais pas n'importe lequel : un barbecue. Inexistant dans le rayon des filles, bien sûr. Comme aux temps préhistoriques, le feu est une affaire d'hommes. Il y a encore beaucoup de travail à mener en termes d'évolution... »

- **Arrêtez de dire aux petites filles « tu es belle » et aux petits garçons « tu es fort »**. Ce ne sont pas des constats, mais des injonctions à se conformer à un schéma qui entretient les inégalités. Dites aux petites filles qu'elles sont fortes et belles, aux petits garçons qu'ils sont forts et beaux — ou, encore mieux : apprenez-leur à reconnaître eux-mêmes, dès leur plus jeune âge, leur propre valeur, pour ne pas ressentir plus tard le besoin de se conformer pour plaire ou pour être acceptés.

- **Laissez pleurer les petits garçons** (évitez les phrases du style : « Un homme, ça ne pleure pas ») et acceptez qu'ils puissent eux aussi exprimer leurs émotions. **Laissez les petites filles extérioriser leur colère, leur agressivité** (en toute sécurité et de façon saine : en la verbalisant, en frappant dans un coussin, en hurlant dehors, etc.) quand elles en ont besoin, pour sortir du schéma de la fille douce et sage qui ne dit pas un mot plus haut que l'autre.
- **Apprenez à votre garçon à s'occuper de lui**, de ses affaires, de sa chambre, de son linge... Ne faites pas tout à sa place, sous prétexte que c'est un garçon et donc qu'il ne « sait pas faire » certaines choses. Apprenez-lui aussi à s'occuper des autres et à se soucier d'eux !
- **Lisez à vos enfants des histoires avec des super-héroïnes**, et pas seulement des super-héros. Mais aussi des histoires avec des hommes qui manifestent leurs émotions, qui font preuve d'empathie, qui s'occupent des enfants, qui prennent soin de leur maison, etc.
- **Montrez à vos enfants que vous n'êtes pas seulement une mère ou une épouse** ; bref, que vous ne vous définissez pas seulement

vis-à-vis de quelqu'un d'autre. Vous êtes aussi et avant tout une femme avec ses propres idées, ses propres besoins, ses propres envies... Montrez-leur l'exemple au quotidien en vous accordant du temps pour vous-même, la meilleure façon d'apprendre à vos enfants à prendre soin d'eux-mêmes.

- **Enseignez à votre fils le respect des autres**, en particulier vis-à-vis des filles. Et cela commence très tôt, dès la cour de récréation. Expliquez-lui qu'il y a des limites à ne pas dépasser : soulever les jupes des filles, leur tirer les cheveux... Dites à vos enfants que leur corps leur appartient et que, de la même manière, le corps de l'autre appartient à l'autre. C'est le premier pas pour éviter les situations de harcèlement.
- **Montrez l'exemple à vos enfants :** ne restez pas silencieuse face aux remarques et aux comportements sexistes, que ce soit à la télévision, dans la rue... Parlez-en ensemble et suscitez chez eux la réflexion. N'hésitez pas à reprendre vos enfants quand ils font des remarques sexistes, même sans le vouloir, qu'elles viennent des garçons (« *Tu ne peux pas jouer aux petites voitures avec moi : t'es une fille !* ») ou des filles elles-mêmes (« *Les poupées, c'est pour les filles* ») !

L'ASTUCE EN +

Le blog « Maman, rodarde ! » a partagé en septembre 2017 trois fichiers PDF fabuleux à télécharger librement : il s'agit d'images de personnalités célèbres, historiques ou contemporaines, allant à contre-courant des clichés sexistes. Côté féminin, par exemple, les illustrations présentent des femmes scientifiques, astronautes, aux cheveux courts ou rasés, footballeuses, pilotes automobiles, des femmes qui aiment les femmes, qui portent des cravates ou qui n'ont pas d'enfant. Côté masculin, on verra des hommes qui se maquillent, portent des bijoux ou des robes, aiment le rose et les paillettes, des hommes qui pleurent, dansent ou s'occupent de bébés, qui aiment les hommes ou qui ont des cheveux longs.

À montrer absolument à vos enfants, même jeunes, comme point de départ de passionnantes conversations sur la liberté d'être soi et la remise en cause des clichés de la société !

Les fichiers sont disponibles sur le blog www.mamanrodarde.com (tapez « pour que les petites filles » et « pour que les petits garçons » dans le champ de recherche du site ; vous tomberez sur les liens des articles proposant les fichiers en téléchargement gratuit).

CONCLUSION : À QUAND UN VRAI CONGÉ PATERNITÉ ?

Depuis quelques mois, des pétitions circulent pour demander la création d'un vrai « congé paternité digne de ce nom », de 4 à 6 semaines (contre 11 jours actuellement), obligatoire et indemnisé comme celui des mères. Et si c'était la solution pour en finir avec l'inégalité professionnelle et l'image de la femme responsable du foyer et des enfants ?

En effet, ce congé modifierait en profondeur la façon dont se répartissent les tâches et les responsabilités à la naissance de l'enfant, puisque le père aussi serait présent pendant cette période essentielle et donc à risque dans l'alourdissement de la charge mentale.

Il serait l'occasion de changer la manière dont les employeurs voient les femmes : si les pères et les mères bénéficient de congés de naissance aussi longs l'un que l'autre, si les deux s'impliquent de manière égale dans la gestion du foyer et des enfants, il n'y a plus de raison d'entretenir cet *a priori* négatif sur les femmes prétendument moins investies dans leur travail, de faire des discriminations entre l'un et l'autre. Ce serait là le premier pas vers un peu plus d'égalité...

TABLE DES MATIÈRES

Chapitre 3

SOYEZ MALIN !

La collection Malin,
c'est déjà plus de 100 titres au catalogue !

À vous les bons conseils, pour un quotidien plus doux
Retrouvez-les vite sur notre blog :
www.quotidienmalin.com

Achevé d'imprimer en Espagne
par BlackPrint CPI Ibérica S.L.
Sant Andreu de la Barca (08740)
Dépôt légal : avril 2018